中國繪畫史導論

導論

An Introduction to the

History of Chinese Painting

— It's Development and Styles —

by

Kao Chun

高　準著

中國繪畫史

文史哲出版社印行

國家圖書館出版品預行編目資料

中國繪畫史導論 / 高準著. -- 再版. -- 臺北
市：文史哲，民 86
面；公分. －(藝術叢刊；13)
ISBN 957-549-084-3(平裝)

1. 繪畫 － 中國 － 歷史

940.92　　86007517

藝 術 叢 刊 ⑬

中 國 繪 畫 史 導 論

著　者：高　準
出版者：文史哲出版社
登記證字號：行政院新聞局版臺業字五三三七號
發行人：彭正雄
發行所：文史哲出版社
印刷者：文史哲出版社
臺北市羅斯福路一段七十二巷四號
郵政劃撥帳號：一六一八〇一七五
電話 886-2-23511028・傳眞 886-2-23965656

實價新台幣 四〇〇元

中華民國六十一年八月初版
中華民國八十六年十月再版

ISBN 957-549-084-3

高準先生此書主論
超脫文筆流暢精
簡可人而寫畫史要事
學者英匠而宗於文
中的護我國繪畫的
歷史分期與流派分劃

樊綱東之張領袖崇秀
人所未談之創論協稱
高明先生之高見於讀
此集謹書以表欽
佩之忱云

壬子二月 南□題

再版前記

本書是我三十一歲至三十三歲時的作品。初版於一九七二年，出版後很快就售罄了。而由於原出版社不久後結束了營業，自己的興趣則又轉向於文學史，就一直擱著沒有安排重版事宜。而歷年有很多學界朋友不斷鼓勵我早日把它再版，他們認爲此書篇幅雖簡，而頗能執簡御繁，參考亦稱豐富，圖片亦選擇精當，雖然不像後來一些美術書那麼印刷精美，卻已概括了歷代重要的畫作，是一本很有實用性的中國繪畫簡史。

而其中亦不無一些自己的看法。例如本書對於五代北宋初期一些畫家所創用的「巨碑派」一詞，就已被社會普遍接受。最近因國寶出國問題而引起的社會風波，記者在報導時就指稱其中某幾幅是「巨碑派」的代表作云。這名詞在本書初版出版前是沒人用的。而本書對各種流派的劃分及其標準的提出，也始終被認爲是一項創論。

這次重版，一來由於只擬就舊版影印，故只能在儘可能不動版面的原則下小作挖改；二來我前年遇車禍後迄未完全康復，也無力詳加修訂。所以基本上只對舊版作了很少的改動，另增附了一篇當年的書評。在我自己的審閱下，如果對每個畫家再作較詳申論，那當然每段都要增改，工程就非常大了。而如果保持現在這種簡要的論述，則在體系上也不無可改的地方的：例如第二章第二節的「魏晉南北朝的繪畫」，我就曾擬增改爲「從西域到天水的石窟壁畫」（增述敦煌以外其他地方的石窟）和「畫家的出現與繪畫理論的展開」（對謝赫「六法」作較詳申論）兩節；而第六章也曾擬把第三節改分爲盛清與晚清兩節而對晚清予以加詳並延至一九二〇年左右西洋畫傳入之前。這些，現在都未能進行增改。但願在我計劃進行中的篇幅巨大的以論述中國文化成果爲主的中國歷史─《中國之歷史與光榮》一書撰寫時能加以重論。這本書，則就讓它作爲我的一本早年著作而基本保持原樣吧。但我相信它還仍可供對此領域有興趣的讀者作爲一本入門性的基本參考。

現在內容方面除改正錯字並更換初版拚版時誤列的圖片一幅外，主要只小改了幾個地方：一是關於漢代毛延壽的故事，應屬後人所造，現已重作說明。二是對元代畫家高克恭的評價有進一步的提高。三是對王冕與倪雲林的去世，另有採述。當我見到倪雲林慘死的材料時，實在極爲震動，此說一般藝術論著未見述及，見於鄭振鐸氏的文學史著作。鄭氏讀書極淵博，必有所據，所以決定也增入附註。王冕與王蒙也都被同一流氓暴君所殺害，但王冕是因勸對方不要殺人而被下毒暗害，王蒙是硬被套上與「叛亂集團」相來往的罪名而死於獄中，而倪雲林則沒有任何原因。知他有潔癖，就被活活丟到毛廁坑裡以死！其悲慘結局並長期被有意無意的掩蓋。可說是古今中外傑出大畫家中死得最慘的了。這也使我對倪雲林何以如此簡淨而不見一個人影的畫風有了進一層的體會，這實也是對暴政與污濁現實的另一種方式的抗議啊！四是對於清代的歷史分期的年份略有調整。其實「盛清」的年份之上限，如就社會及國勢總的來講，還可提前些，但就繪畫來說，則還是就這樣不要提前了。另外關於石濤、八大和龔賢的生年或卒年，根據本書初版出版後問世的論著作了改訂。參考書目則亦酌予略增數種。此外，二十五史中關於畫家的傳略雖然很少，其傳對瞭解他們畫的風格也無多大幫助，但總是關於他們生平的基本資料，有心想要進一步研究的人是不免要查一查的，所以也補了一份〈二十五史中有關畫家傳記簡表〉，列入附錄，以供讀者查閱之便。在這表中有一個唐朝的盧鴻是本書沒有提到的。盧鴻是唐開元時人，史傳中並沒有說他能畫畫，由於臺北「故宮博物院」有一組標為盧鴻「草堂十志圖」的作品經常展出，故亦列入此表。但那組畫是靠不住的，第一，史傳中特別說到他「善書」，而偏偏沒提他能畫。第二，這組畫是水墨紙本，畫風與相傳對王維畫的描寫相近，而看起來紙還不很殘舊，唐代的紙本畫流傳的不是沒有，韓幹的「照夜白」就是，但看起來要古舊得多。而盧鴻在開元初年就以隱居嵩山，博學有道，至於名動天子聞名於世，則他比王維當還要年長一代，如果是真跡，水墨山水之祖不是要變成盧鴻了嗎？但歷代卻從來沒人這樣提過。所以當靠不住，應為後人偽托。故未予編列。現列其傳目以附供參考。

多年來不少人向我訴說，找不到這本書，現在，再謝謝文史哲出版社的彭先生，終於讓它得以重新出現在讀者的面前。本書初版之時，曾承張師其昀曉峯先生多加鼓勵，後來並將本書第一章選入中華學術院編印的學術專集；前臺北故宮博物院副院長莊老伯尚嚴慕陵先生披閱了全書清樣並題撰了序辭；中山學術文化基金會請畫學前輩馬壽華木軒先生審查了全稿並給予了出版獎助。史學前輩方豪杰人先生亦曾爲初版之出版撰文表揚。今上述諸前輩竟均已作古。時日飛馳，老成凋謝，風簷展卷，誰可請益？覆閱舊作，誠不勝慨然之思矣。

本書封面是由名畫家何懷碩先生所規劃，並寫了很漂亮的書名字體，現仍從原樣。內容各版面則是我自己規劃的。初版尚有余光中先生所譯之本書《中國繪畫流派風格比較表》英譯及全書目錄英譯。余君本來和我很熟，後卻因其撰文欲陷害詩壇與其見解不同的作家，並殃及筆者，遂至未再相從。其英譯目錄，有幾個名詞的譯法與原文未盡貼切，茲從略。其英譯「風格表」則既尚無誤，仍一並刊入，並仍謝謝他當年所費的這一點心力。

此外，爲本書初版撰文評介的，先後有故宮博物院專家楚戈先生、現任師大藝術系教授的王哲雄先生、中央日報張良先生、中央日報國際版胡有瑞先生等多位。茲並附記於此以誌永念。

高準　一九九六新春

目錄

圖片目錄

附表目錄

第一章

中國繪畫的歷史分期與流派分劃

一、中國繪畫的歷史分期

中國的繪畫，在世界繪畫史上自成領域，源遠流長。如果從上古陶器上的彩繪算起，其起始年代至少可遠溯到西元前二千五百年左右，其內容大勢亦又與時而變。一般人往往以為西洋繪畫派流很多，而中國繪畫少有變化。這如就最近兩個世紀的情形看，確似如此。但就繪畫史的長期發展而言，這一觀點絕非正確。山水、人物、花鳥、圖案等各種題材的繪畫，古典、浪漫、寫實、寫意等各種風格的作品，在中國歷史上均有豐富的遺產。先後發展，各有盛衰之跡。

關於中國繪畫的歷史發展，我們如依現存畫跡為主，文字資料為輔，按其內容題材與風格為準，則可分為三大時代與八個段落。

㈠圖案畫時代：自新石器時代晚期至戰國初年（約 2500 B.C.-400 B.C.），計約二千一百年。（註一）

在第一時代的漫長二千一百年時間內，並無任何繪在平面上的正式繪畫留存下來，所有的圖形只是塗繪或刻劃在器皿上的花紋，而這一切花紋都是抽象或半抽象的圖案。所以，如果從各種藝術的綜合史觀之，這一段時間可說是工藝品（器物）掛帥的時代，但若專就繪畫的發展講，則我們就可以稱之為圖案時代了，而也可說是中國繪畫的史前時代。它又可分為陶器圖案與銅器圖案兩階段，各約一千年有零。這一時代，由於繪畫只附庸於器皿而存在，可以說還沒有成為一種獨立藝術。不在本書論述之列。

㈡人物畫時代：自戰國初葉至唐朝末年（約 400 B.C.-A.D. 906），計約一千三百年。

到了上一時代末葉，也就是春秋末年，開始出現了關於人物畫的記載。論語云：「

子夏問曰：『巧笑倩兮，美目盼兮，素以爲絢兮，何謂也？』子曰：『繪事後素』。」孔子時的繪畫固然無遺跡可按，而觀乎現存的中國最古一張正式繪畫——長沙出土的戰國時代的一幅帛畫，其畫人物已有相當技巧，可見到戰國初年（西元前四百年左右），人物畫已有了一段存在的歷史。則我們卽將楚墓帛畫作爲人物畫時代的開始，應不至於估計得太早。自此至唐末，中國的繪畫史，一直是人物畫爲主角的時代。山水雖早在顧愷之畫中已現端倪，隋唐兩代更不無山水名家，但比之人物畫，實居於副流地位。

這一個一千三百年的人物畫大時代，則又可分之爲三期：戰國秦漢爲一期，魏晉南北朝爲一期，隋唐又爲一期。

戰國秦漢時期，所存大都爲磚畫及刻劃在石面上的畫象石。所畫均爲人物故事及社會生活，以所存畫跡觀之，則形象上還帶有若干圖案性。可顯示此時代爲人物畫已興盛而尚具圖案殘跡之轉變期。漢代唯一的姓名與作品均有留存的畫家衛改，他的武梁祠畫象卽是具有圖案設計趣味的人物畫象傑作。

至於魏晉南北朝時期，壁畫與絹畫均已相當發達。由於佛教傳播，道教競起，民族競遷徙，士族興旺，繪畫上亦進入另一時期。所畫多宗教題材，倫理政教方面亦復不少，而爲人物畫之獨覇時代。畫家以顧愷之爲代表，其現存作品顯示成熟的人物畫之出現，圖案性已完全消失，其畫面含有之數角山水則純爲人物之配襯而已。

降至隋唐，建立了融和各民族之大一統時代，風氣遂又一變。人物畫仍爲畫壇主角，大師更是輩出，而山水畫及花鳥畫也於此時先後發展成流，可謂人物畫極盛，山水畫漸興，花鳥畫發軔之時代（註二）。人物畫之代表大師爲閻立本、吳道子、張萱、周昉，山水畫爲展子虔、李思訓、王維，花鳥畫則有刁光胤，又有韓幹的畫馬，戴嵩的畫牛等。

㈢山水畫時代：自唐末五代至民國初年（約 A.D. 906-1920），計約一千年。從五代直至民國初年，則大部分的第一流畫家均以山水爲題材，山水遂在一般人心目中成爲中國繪畫之代表。蓋自唐亡以後，中國之民族性自豪邁日趨內斂，故藝術趣味亦自壯麗日趨素雅，「寄情山水」的傾向於是代復一代的加强了。其間又可分爲三期：五代兩宋爲一期，元代至明代中葉爲一期，晚明與清代至於民國初年又爲一期。

五代兩宋時期，山水畫與花鳥畫均蓬勃展開，而人物畫雖尙有名家，已趨衰落，可謂山水畫、花鳥畫並盛，人物畫漸衰時期。而山水名家更多，舉凡荆、關、董、巨、李成、范寬、許道寧、李唐、馬遠、夏珪，至於梁楷、牧谿等，均爲山水畫之巨匠。花鳥畫則黃筌、徐熙、趙佶等人亦爲一代宗師。人物畫名家則尙有周文矩、顧閎中、武宗元、李公麟等人。更可注意的是又出現了將山水人物充分結合而成的風俗畫之鉅製，此則要推張擇端爲最大的名手。

到了元代至明代中葉時期，人物畫大爲衰落，花鳥畫亦不算很盛，惟有山水畫盛行一時。山水畫仿古之風於時大盛，但一方面却發展出不拘形象的新作風，是可謂山水獨盛時期。蓋自元代以來，畫家絕大部分爲長江流域之南方人，江南本山水明麗之地，而飽受暴政及重稅的壓迫，加上南人文弱的賦性，遂使從事不拘形象的山水畫及仿古的山水畫成爲超越及逃避現實的兩條最好的出路。此時期的最著名畫家，所謂「元四家」的黃、吳、倪、王，與所謂「明四家」的文、沈、唐、仇，在因襲的風氣中各有其獨創之處。

及至晚明，由於董其昌等人倡導「南宗」爲典型，成爲一種新的因襲熟套；又有徐渭、石濤等人之强調個性，於是又產生山水畫時代的第三期。花鳥畫亦有新境。所謂的「四王」「四僧」與「揚州八怪」等均爲此時期之重要畫家，而人物畫則極爲式微。到了一八〇〇年以後則山水、花鳥亦與人物畫一樣少有可觀。總之，這最後一時期可以稱爲山水爲主，花鳥爲副的時期。民國初年的畫風，繼承清代而已。約至民國十年以後，西洋近代畫風始大量傳入，令中國人對繪畫的眼光不能不爲之丕變，中國繪畫的現代時期乃告開始。

二、中國繪畫的流派分劃

以上是就中國繪畫的內容題材之盛衰發展與時代共同風格之變遷大勢所作的歷史分期。但同一時代，固有其共同風格在，而又必有由於藝術家之階級、性格、思想、感情傾向等因素而造成之個別風格，尤其當一種文化及藝術已相當發達之後。上列因素相近的藝術家乃往往有相近的風格出現，故同一時代同一國家中亦會有不同畫派之發生，甚至當主觀主義的思想瀰漫之際，則不復有時代的共同風格，而僅有各家的個別風格之存在。所以，舉凡政治情勢、社會制度、文明進展程度、時代思潮、地理環境，以及材料工具，足以成爲形成一時代或一地區之共同風格的因素。而藝術家個人所屬之階級、性格、思想、感情傾向，有時還要加上個人的特殊遭遇，則爲產生個別風格的原因。而每一種風格或畫派出現之後，代復一代，往往仍有與其階級、性格、思想或情感傾向等方面相近的藝家繼續追隨，或摹仿因襲，或有所增益，於是此一畫派或畫家之風格乃有其流衍，而又貫穿時代而成爲流派。我們爲對藝術史之發展易於瞭解，又必須將風格相近者歸納成派，前後相關者貫穿成流，故歷史分期乃一橫的分段，而流派分劃則一縱的分支。兩者交互相連，乃可構成瞭解之全面。

惟在上古，或由於藝術發達之不足，或由於遺留文物之已稀，往往僅能歸納出時代之總風格，而難於再作派別之劃分。其在中國繪畫史上，則隋唐以前卽可作如是觀。故中國繪畫各流派之可以分劃，只宜從隋唐，卽前述人物畫時代之第三期開始，隋代以前有畫跡的大師如顧愷之，則尚可根據其畫跡以與隋代以降之畫派風格相貫連；其史跡不詳，作品蕩然者，如曹不興、陸探微等，則雖有盛名亦只能從缺。卽至唐代以後，亦有無數畫家，有文字記載而畫跡難求，則亦均無以證鑒。但卽使如此，中國繪畫之風格流派，亦已豐富可觀，絕非如董其昌這樣分爲南北兩宗的武斷作法可盡。美國羅越氏（Max Loehr）的「形象性」與「超形象性」兩分法，亦太簡化而不足以含其全貌（註三），林語堂先生的四大派之說，可商榷之處亦多（註四）。我們對各家之筆法風格及其對題材方面之不同選擇綜合觀察之，則可分列爲十二個主要流派。是爲：

㈠古典派（或古典人物派）——我們以顧愷之、閻立本爲此派之典型，則此派爲最早的一派，而盛行於東晉至初唐。高古鮮麗而具神秘氣質，線條連綿。盛唐至北宋初葉歸於消沉，李公麟之大部分作品則復興此一風格，繼又消沉。明代復有陳洪綬爲後勁。

㈡金碧派（或工筆山水臺閣派）——金碧山水又稱青綠山水，山水畫發軔時首先出現者爲此派。隋代展子虔可謂最古之代表，唐李思訓、李昭道先後相承，北宋有王詵，明有石銳，清有袁江等。以輝煌典麗爲特色，具有濃厚之裝飾性。王維的部分作品亦屬此派作風。

㈢神韻派（或素描人物派）——純以線條爲主，色彩用得既少（或不用），也不用水墨渲染，其線條流利豪邁，足當神韻之稱。此派以吳道子最爲大師，自吳道子創「吳家樣」，遂自盛唐時起風瀰一世而取代了前述古典派的地位。唐亡以後漸趨沉落，至北宋初有武宗元繼續發揚此風。李公麟與梁楷之部分作品亦屬此種風格，以豪邁奮發爲特色，線條無比靈妙活潑而又簡潔有力。明代吳偉與郭詡的人物畫亦可歸入此派。（註五）

㈣宮廷派（或工筆人物派）——略與神韻派同時崛起而分庭抗禮，以華艷矜貴之工筆手法改易古典派之作風，表現宮廷人物之奢華趣味。先後以張萱、周昉、周文矩、顧閎中爲大師。南宋劉松年亦能作此。（註六）

㈤唯美派（或工筆花鳥派）——興於晚唐，實與宮廷派同樣表現一種貴族階層的奢華趣味，惟題材不同，且以柔婉爲尙。先後以刁光胤、黃筌、黃居寀、蕭瀜、宋徽宗（趙佶）、明宣宗（朱瞻基）、邊文進、呂紀等爲代表。以精麗工巧爲特點。

㈥寫實派（或社會民俗派）——寫實是指寫社會之現實，民生之情況。故筆法雖亦工細，而與宮廷派的工筆人物意趣大不相同。韓幹畫鞍馬表現軍人生活，戴嵩畫耕牛表現農民生活，趙幹畫漁民生活，張擇端畫市民生活，吳彬畫農村風俗，均可歸入此派。

㈦巨碑派（或古典山水派）——荆浩、關同、董源、巨然、李成、范寬、許道寧、郭熙等及李唐早年作品，畫中均有大山如長方形的巨碑然，雄渾高古，氣象萬千，使山水從此成爲中國繪畫之主角，爲中國繪畫史上的重大里程碑。對下列抒情派及南宗派也都發生相當影響，故又足以當中國山水畫中古典之地位。

㈧抒情派（或浪漫派）——李唐、馬遠、夏珪、馬麟、孫君澤、戴進、吳偉、杜堇、藍瑛等。馬夏畫風雄奇而秀麗，筆意豪邁洒脫，最富抒情之趣。明代浙派則爲馬夏畫風之承繼而更强調，故可合爲一流。

㈨寫意派（或水墨派）——王維（？）、米芾、蘇軾、文同、米友仁、玉澗、梁楷、牧谿等。王維雖被稱水墨畫之先驅，但畫跡可疑。水墨寫意畫實由米芾、蘇軾所發展，至牧谿而至於極致。以瀟洒飄逸爲特色。

㈩南宗派（或文人派）——包括黃公望、吳鎭、王蒙、倪瓚、沈周、文徵明、董其昌、王時敏、王鑑、王原祁、吳歷等。趙孟頫部分作品亦屬此派。此派至董其昌而立南宗之名，遠托王維。但實與上列寫意派諸子關係雖近而又有所改變，眞正可爲南宗畫開山者要以元代黃公望爲首，前列寫意派雖以水墨寫山水竹石的飄洒之姿與作者個人的超逸之意，但却充溢一種健朗之趣。本派則以清雅柔婉爲尙，並好取巨碑派之作品作變形變質之再造。內容包括淡墨山水、淺絳山水和水墨的「四君子」畫。晚明以來居於正統地位，附庸風雅或自命清高之士都喜就上列題材及此種趣味塗抹幾筆，所以極爲流行。本派又可分爲三段：元代諸家以隱逸高蹈對蒙元政權作消極抗議，又可稱爲高蹈派。中明文、沈等人以居住吳地，舊稱吳派。至董其昌以降，在畫壇取得「正統」地位，又稱正統派。

㈩學院派（或新古典派）——對前列各派大都均加研習而綜合數種以成，明代所謂「院派」的周臣、唐寅、仇英三家卽是代表，淸初王翬亦可列入此派。學術性成份强，其精神與西洋十八、九世紀之交的新古典派相似。

㈪表現派（或個性派）——徐渭、弘仁、八大、石濤、石谿、梅淸、龔賢、金農、羅聘、華喦等屬之。在南宗派成爲「正統」畫風之時，他們極力表現個性，不拘成規，掀起宋代以後的又一創造高潮。南宗派多表達清雅柔婉之趣，表現派則多表現憤世疾俗之情，精神大不相同。但本派與寫意派及南宗派又均含有一種「非形象」的精神，而與其他九派不同，惟此種「非形象」的精神，南宗派强於寫意派，而表現派又强於南宗派。

三、中國繪畫流派風格的區分標準

以上十二個流派，各有特徵，亦均分別在中國繪畫史上佔有不可或易的地位。還有少數雖有獨特格調而孤立存在的畫家，則不成流派，尙不在前述之列。

然則對於流派風格的劃分，究竟採取了的是何種具體的標準？是各抉一、二特點呢？還是有統一客觀的準則？西洋藝術史大師德國吳弗林（Heinrich Wölfflin）曾提出五項標準來作爲區分古典的與巴洛克的藝術之原則（註七），號稱「藝術史原理」，成爲一代經典之作。但他的那五項準則，乃專爲針對西洋古典式與巴洛克式藝術之差異而設，若以論中國繪畫，則不能適用。本文作者對於前列十二個畫派的劃分，乃以經過研考而另設之六項客觀準則爲依據，是爲：

(1)色彩爲鮮明的或素樸的；
(2)線條爲工愼的或瀟脫的；
(3)題材爲人事的或自然的；
(4)觀點爲格物的或寫意的；
(5)意趣爲裝飾性的或文學性的；
(6)情調爲健朗的或秀婉的。

以此六則，觀照前述十二流派，就可列出一張槪括性的風格比較表。茲卽列表於後以爲本章之結束。（見下頁）

中國繪畫流派風格比較表

派別	色彩	條線	題材	觀點	意趣	情調	代表畫家	盛行時代
古典派	鮮明	工愼	人事	格物	文學性	秀婉	顧愷之	東晉至初唐
金碧派	鮮明	工愼	自然	格物	裝飾性	健朗	李思訓	隋唐
神韻派	素樸	灑脫	人事	格物	文學性	健朗	吳道子	盛唐
宮廷派	鮮明	工愼	人事	格物	裝飾性	秀婉	周昉	晚唐五代
唯美派	鮮明	工愼	自然	格物	裝飾性	秀婉	趙佶	五代北宋
寫實派	鮮明	工愼	人事	格物	文學性	健朗	張擇端	五代北宋
巨碑派	素樸	工愼	自然	格物	文學性	健朗	范寬	五代北宋
抒情派	素樸	灑脫	自然	格物	文學性	健朗	馬遠夏珪	南宋
寫意派	素樸	灑脫	自然	寫意	文學性	健朗	牧谿	南宋
南宗派	素樸	灑脫	自然	寫意	文學性	秀婉	黃公望	元明清
學院派	鮮明	工愼	自然	格物	文學性	健朗	唐寅	中明
表現派	鮮明	灑脫	自然	寫意	文學性	健朗	石濤八大	晚明及清

第一章附註

註一：一九七〇年六月，Max Loehr（羅越）在臺北的中國古畫討論會提出 Phases And Content in Chinese Painting 一文，對中國繪畫史也有三階段之劃分，其第一階段稱爲裝飾藝術階段，與本文甚爲相近。第二、第三兩階段之劃分則與本文第二、三兩時代完全不同。本章初稿撰就於一九七〇年三月，故並非爲辯駁羅氏之文而作，係各由不同的觀點而撰。

註二：關於中國繪畫題材的分科北宋末年的「宣和畫譜」曾分爲十科，計爲：道釋、人物、宮室、番族、龍魚、山水、畜獸、花鳥、墨竹、蔬果。其中道釋與番族，實際當然是人物畫的一部分；墨竹與蔬果也可以歸爲花鳥同科，宮室大都配置在工筆山水畫中，所以也可以視爲山水的附庸，故中國繪畫的分科，除圖案外，主要是人物、山水、花鳥三大主科，還剩下的畜獸、龍魚兩項，則是比較次要的題材，前者往往與人物配合着畫，可視爲人物畫的分支，後者也可以視爲花鳥畫的一支。

註三：見註一所提到的羅氏論文。羅氏將中國的圖畫藝術（Pictorial art）簡分爲「形象的」（Representational）與「超形象的」（Supra-representational）兩類，但如本文後面所提到，超形象的繪畫，在全部中國繪畫中實不過一小部分，其間也還有程度上的不同，而各種「形象的」繪畫，份量既多，區別又很大，非一言可以蔽之。

註四：林語堂先生在其 The Chinese Theory of Art 卷首繪了一幅派別分劃表，計列「表現派」(Expressionists)「氣韻派」(Tonalists)「寫實派」(Realists) 和「印象派」(Impressionists) 四大流派。

註五：唐張彥遠歷代名畫記卷九指出：「吳生每畫，落筆便去，多使（翟）琰與張藏布色」，可見吳道子的畫原爲白描，顏色是別人加的。又郭若虛圖畫見聞志云：「輕拂丹青者謂之吳裝」，可見吳道子的畫卽使在令生徒布色後，仍是「傅彩簡淡」的。

註六：Richard Barnhart（班宗華）撰 Survivals, Revivals, and The Classical Tradition of Chinese Figure Painting 將中國人物畫分爲顧、吳兩派（卽本文所指之古典派與神韻派兩者），而對本文所指宮廷派的畫家全部忽略不提。實則以張萱、周昉爲代表的宮廷派，與前面兩派均有不同，故中國的人物畫共應有三派而非二派（班氏論文亦發表於一九七〇年六月的中國古畫討論會）。

註七：H. Wölfflin 的五項區分標準是：①線條的與塗繪的 (Linear and Painterly)，②平面的與凹入的 (Plane and Recession)，③封閉式的與開放式的 (Closed and Open Form)，④多元的與統一的 (Multiplicity and Unity)，⑤清楚的與不清楚的 (Clearness and Unclearness)，見氏所著 Principles of Art History。

第二章 中國繪畫藝術的建立與展開

——戰國至南北朝的繪畫發展

一、中國繪畫藝術的建立——戰國時代

自文明誕生至於春秋末年，中國的藝術一直以器物爲主，繪畫不過以器物上的圖案而托附以存。到戰國時代開始，才有了獨立的繪畫作品的遺跡，歷經秦漢魏晉的茁長，到南北朝而蓬勃展開，並在南北朝的末葉，產生了繪畫藝術評判的最高準則。這悠長的一千年的經歷，正可說是中國繪畫藝術從童年進入成年的一個過程，但可惜由於歷代的天災人禍，當時的繪畫作品百分之九十九都已毀滅。

圖一　戰國　長沙楚墓帛畫

現存中國最古的繪在平面上的正式繪畫，是晚周戰國時代的一幅帛畫，於民國三十八年在湖南長沙陳家大山的楚墓中出土，出土後命名爲「巫女圖」，又稱「鳳夔人物帛畫」（圖一），這畫畫幅很小，約二十九公分高，二十公分寬而已。圖中畫一個側身而立的細腰長裳的女子，合掌敬禮，一頭鳳鳥飛凌於女子頭上，與其右邊的一頭夔龍在空中搏鬪。據考古學者的看法，認爲夔是象徵死亡，鳳是象徵生命，巫女站在鳳的一邊，是在祈禱着生命與和平的勝利（註一）。畫家用細勁有力的線條，生動的描繪了儀態端莊的女子，矯健有力的鳳鳥，以及形象兇惡的夔龍。現出了作者傑出的藝術才華。此畫以人爲題材而已有相當熟練的技巧，雖尙含有少許圖案性的趣味，而已不再爲器物的附庸，故不但可認爲中國人物畫的開始，它也爲中國繪畫藝術的獨立樹立了第一個標誌。

戰國時代的繪畫遺跡，除上列帛畫之外，主要尙有發現於河南信陽長臺關古墓中的錦瑟殘片上的漆畫（圖二），這仍是當時楚國境內的遺物，錦瑟殘片以黑色爲底色，繪上了以朱紅爲主的人物走獸，莫不栩栩如生。其中必包含著一個或許多神話故事，那些人面獸身，或獸首人身，或兩手操蛇的動物，和山海經中的故事正有若干相似之處，只

圖二　戰國　信陽錦瑟殘片漆畫

是現尙無從索解。此外尙有長沙出土的一只彩繪人物漆奩，一邊是士女的舞蹈圖，另一邊是狩獵圖，全採寫實手法，其運筆的活潑與工整，實已臻卓越之境。（註二）

戰國楚畫這種以寫實爲主而又富於想像力的風格，實開漢代繪畫之先聲。至於楚國以外之其他地區，雖尙無遺跡出土，但在莊子書中有「解衣礴礴」之典，韓非子書中有「狗馬最難，鬼魅最易」之論，可見中原地區，亦至少與楚國同樣，已建立起了繪畫的藝術。

二、秦漢時代的圖畫藝術

秦代時間甚短，又承攻伐戰亂之餘，以嚴刑峻法壓制民衆，對於繪畫，未見注意。我們迄今也沒有發現任何秦代的繪畫作品。

到了漢代，由於建立了安定的大帝國，經濟發達，民生安定，爲繪畫藝術的繁榮和發展提供了有利的基礎，宮廷內並設立了「畫室」，由專業畫工從事創作。畫家之留有姓名者有毛延壽等人。毛延壽，西漢杜陵人，於漢元帝時爲「尙方畫工」，亦爲眞正畫家見於記載之始（註三）。傳說因其畫王昭君未盡其美，及至決定以昭君和番，元帝召見，大爲後悔，遂殺延壽以洩憤云。這一傳說並不可靠，蓋始見於南朝梁吳均的《西京雜記》，相距已五百餘年，之前則並無這一說法。按漢廷將王昭君賜嫁呼韓邪單于已是漢元帝最後一年。昭君本在後宮爲宮女，不是妃嬪。當時還特封她爲寧胡閼氏（閼氏讀若「臙脂」，即匈奴王后）。呼韓邪亦歡喜而去，從此忠於漢朝。漢特爲改元爲竟寧。所以是相當隆重其事的，整個過程順利成功。並無皇帝後悔云云之事。則毛延壽是否確有其人，亦仍有可疑。

現存漢畫，如依其所用材料來分，可分壁畫，器物畫，石刻畫和磚畫四種，當時絹畫也已發達，但現已完全淹沒無存。所存畫跡的內容，則幾無不以人物、故事及社會生活爲題材。

漢代壁畫之畫於宮廷殿堂中的，已無存留。其畫在墓室中的，則在近代已在遼寧金縣營城子，遼寧遼陽北園，及河北望都等地發現，內容大都描繪墓主生前的豪華生活和遊樂場面。其畫大都以樸實的墨線勾出形象輪廓，然後用朱、靑、黃等明快的顏色加以點染，具有古拙而鮮明的特點。（圖三）

漢代器物畫是繪在漆器之上，近代在朝鮮樂浪曾有出土，（樂浪在漢武帝時曾正式

圖三　東漢　河北望都所藥村一號墓壁畫

圖四　　漢　長沙彩繪漆箱

列入中國版圖）有一個漆彩篋上繪有宮廷生活，歷史故事，神話傳說等九十餘個不同人物。湖南長沙亦有彩繪漆箱出土，以紅、黑等色描繪了許多人物（圖四），其風格則與墓壁畫正相一致。

漢代的石刻畫，習稱畫象石，這類繪畫因係刻在石上，獨能久存，故遺留較多。現在山東、山西、河南、四川、陝西、江蘇等地均有發見，現存最古的是山東沂南的鮑家山鳳凰畫像，刻於西漢昭帝元鳳元年至六年，（80-75 B.C.），是用陰文刻成，刀筆簡樸。最著名的是山東嘉祥武梁祠畫象，刻於東漢順帝建和元年（147 A.D.）繪刻者是當時名匠衛改（註四），衛改的生平無可考，只是很幸運的留下了姓名，可說是中國歷史上既留下姓名又留有作品的第一個畫家了。他採用了另外一種刻法，除了以陰文刻出輪廓線條外，並將背景彫低，形成淺浮彫的形態。共有四十二塊，圖象古樸生動，線條嚴整又有圖案趣味，想像力十分豐富，這些畫象中包括了中國上古的神話傳說，歷史故事，聖君賢相，忠臣孝子，遊俠烈士，車馬動物等許許多多有趣的構圖，實是一代製鉅。玆舉其中的「荆軻刺秦王」部分爲例（圖五）：圖中央有一巨柱，荆軻的匕首已經擲出而

圖五　東漢　衛改　武梁祠畫象石：荊軻刺秦王圖

揷在柱上，荊軻在柱左，兩手高擧，一足跳起，作追撲之狀。秦王在柱右，驚惶而逃，並回頭看荊軻追逐的來勢。柱旁地上有一只打開的盒子，裏面裝的是樊於期的頭顱。另外還有三個衛士，一個已倒在地上，兩個則張惶失措。全圖以厚實樸拙的造型，生動而很有想像力的將其內容表現了出來。

此外，重要的還有山東沂南石室畫象，刻於東漢末年，也有四十二塊之多。畫家用兩種手法，一者將背景彫低，使輪廓浮出。一者僅以線條刻入石面，其線條很任意，不用規矩，與武梁祠之重用圓規直

尺之製作成爲對照（圖六、圖七，見頁四二、四三），題材則也包括許多歷史故事與歌舞百戲，十分有趣。

漢代的磚畫，通稱畫象磚，多在近代出土的漢墓中發現，其中最著名的是在洛陽出土而現藏於美國波士頓藝術博物館中的一塊，是用毛筆畫的，而且是彩色的，還是西漢的遺物（圖八）。畫中五個散步的人，面部都有獨特的表情。用筆靈活，意象優美，藝術價值很高。其他的漢代磚畫，都是在四川各地所發現，都是採用半浮雕的形式，畫中的物體凸處於磚面之上。這些四川的畫象磚，對漢代的社會形態

圖八　漢　洛陽彩繪磚

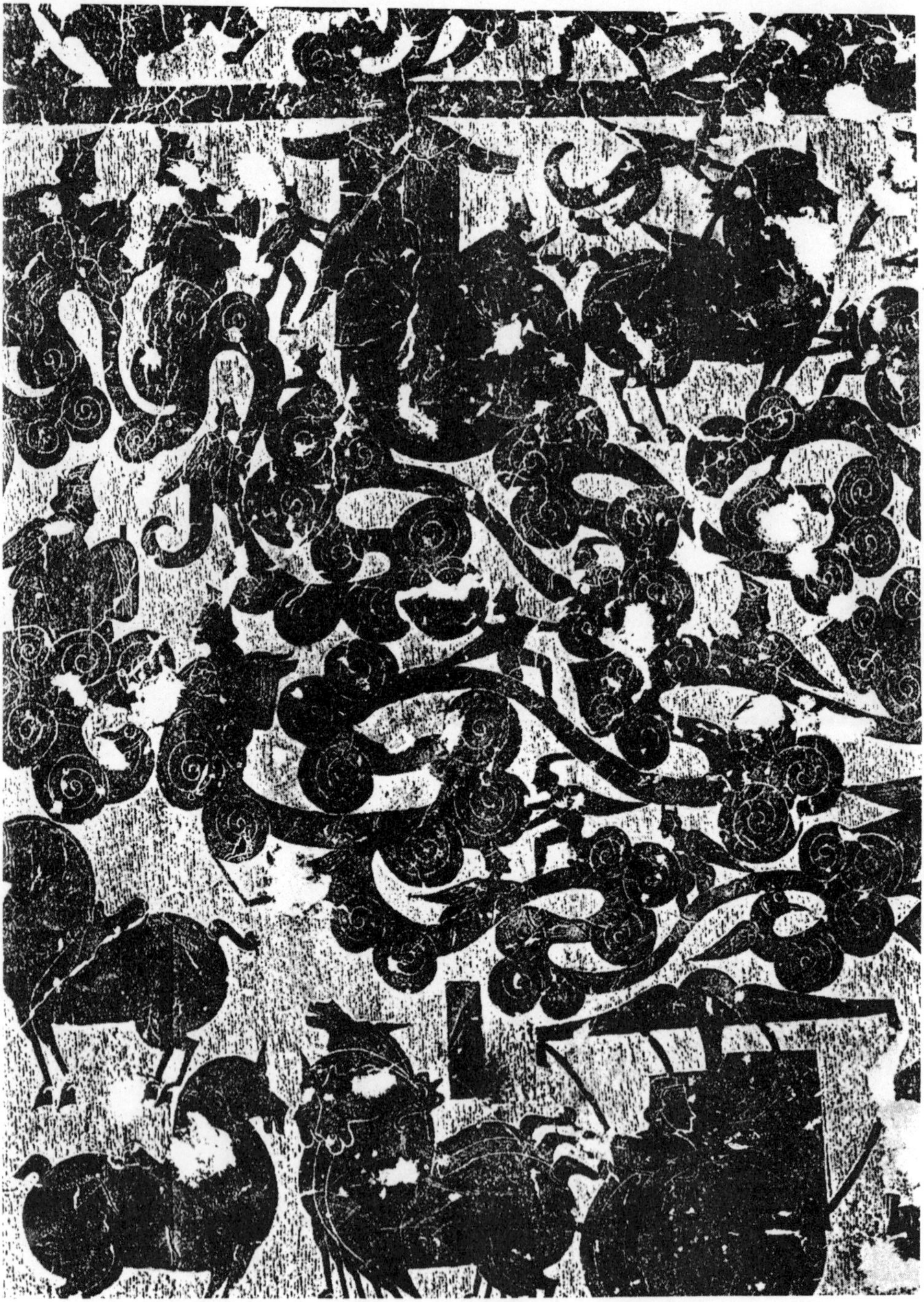

圖六　東漢　衛改　武梁祠畫象石：靈界圖

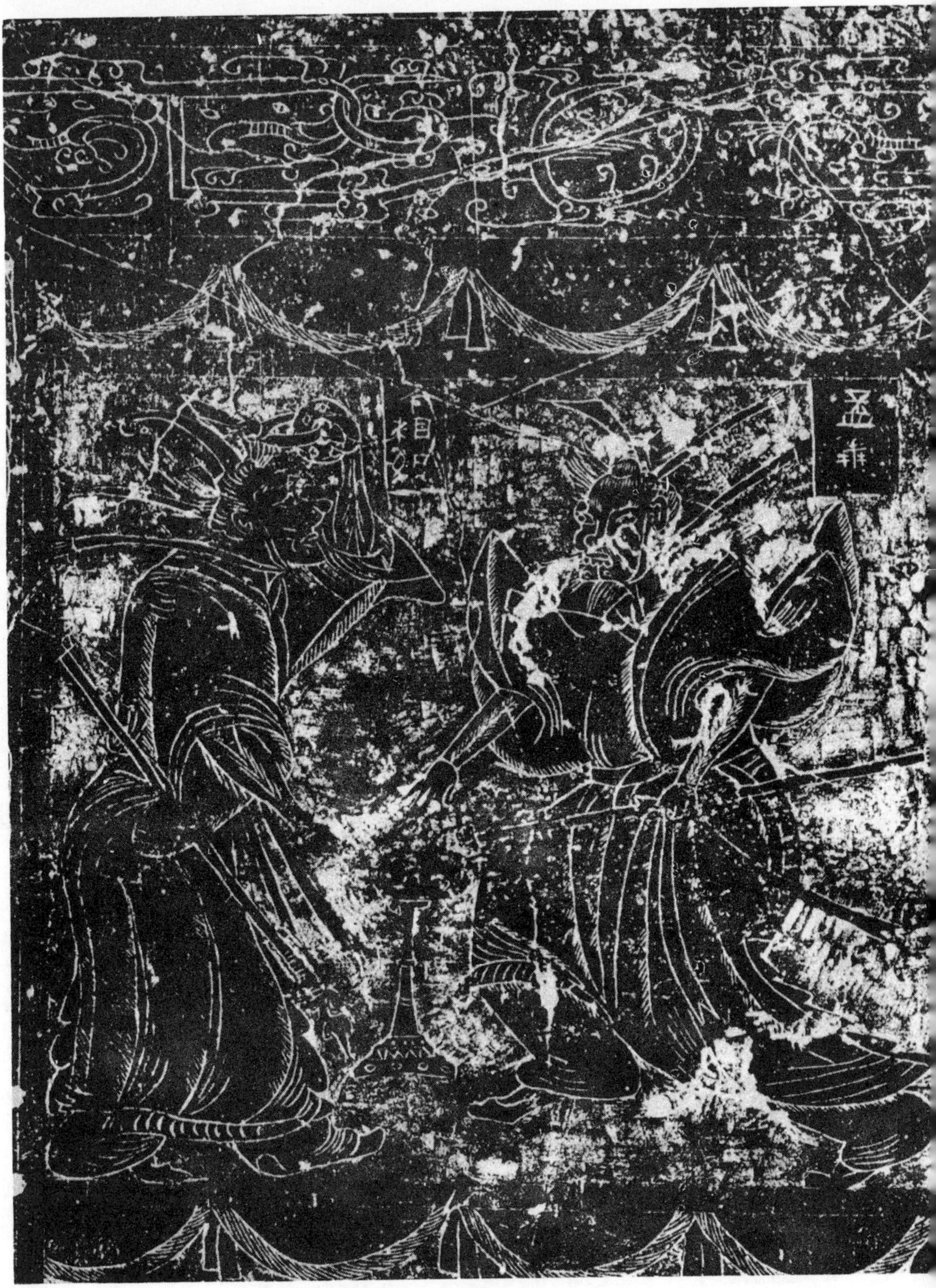

圖七　東漢　山東沂南畫象石：藺相如故事圖

圖九　東漢　四川成都畫象磚：弋射收穫圖

有多方面的描繪，舉凡日常生活的農作，紡織，採桑，製鹽，狩獵，捕魚，巡遊，宴飲，烹飪，圍棋，車騎，出行，至於百戲中的樂舞，跳丸，跳劍，走索，角牴，以及建築物，神禽異獸，乃至孝行故事，都是這些磚畫上的動人畫面。臺北的國立歷史博物館藏有這些磚畫的拓片。這些磚畫採用了簡練剛勁的線條，表達出生氣盎然的社會景象。茲舉其中「弋射收獲圖」爲例（圖九），此磚在四川成都羊子山出土，畫面可分爲兩部份，但仍該算一張圖，因爲整個是描繪秋天的郊野。第一部份的畫面顯示秋郊弋射的景情，枝頭落葉已盡，林邊池塘水滿，魚羣戲游於殘荷之間，羣鴨載浮載沉，雁陣成羣飛在天上。有獵者二人，一蹲坐，一屈腰，各向飛雁引弓待發，神態翊翊如生。第二部份是正當農田收獲，田中有六個人物，各人位置安排得恰切自然。正待收割的嘉禾漫野都是。對於當時農村的操作狀況與樸質無華的農民氣質，也都表達無遺（註五）。

綜觀漢代的繪畫，質樸強健正是其共同的風格特徵。

三、魏晉南北朝的繪畫

魏晉南北朝時期，三百六十餘年間，割據混亂與民族矛盾都十分嚴重，政治極爲動蕩，經濟大受破壞，不斷的戰爭與政變，造成了無數人命的喪亡。人民飽受戰亂之苦，產生普遍的苦悶悲觀。這就使東漢時傳入中國的宣揚「靈魂不滅」、「因果報應」等思想的佛敎，得到了發揚傳播的社會條件。於是佛敎在這時期內得到了空前的發展，並對文學藝術產生深刻的影響。

由於這一時期，全國盛行佛敎，出現了許多高大壯麗的寺院。這些寺院爲壁畫的進一步發展提供了客觀的物質條件，使壁畫的活動規模與成就，大大超過了漢代。過去畫在宮廷殿堂的壁畫，一般人難得看到，而寺院中畫壁畫，動機往往就是爲了吸引羣衆去看，以達宣傳宗敎的目的。於是繪畫與民衆的關係也無形中大爲接近。當時在一些名城如平城（今山西大同），洛陽，長安，會稽（今浙江紹興）等地莫不寺院林立，每所寺院中都有許多著名壁畫，可惜這些寺院都已毀滅，寺壁上的作品也都隨之不傳於世。現在足以代表這一時期壁畫藝術的盛況的，當推舉世聞名的敦煌壁畫。

所謂敦煌壁畫，主要是指甘肅敦煌莫高窟的壁畫。莫高窟是敦煌城東南廿五公里的

圖十　北魏　敦煌千佛洞二四九窟：狩獵圖（彩色一）

圖十一　北魏敦煌千佛洞二四九窟：佛陀說法圖

鳴沙山麓四百多個洞的總稱。這許多洞和壁畫並非一個時代所建，而是開始於前秦建元二年（西元三六六年），經過北魏、西魏、隋、唐、五代、北宋、西夏、元等多朝的增修，才達成今日的規模。現在敦煌莫高窟保存有藝術作品的洞窟共有四百八十六個。如把所有這些洞窟中的壁畫連接起來，約有二十五公里長，塑像也有一千七百多個。其中以北魏、西魏、隋、唐四朝的作品為主要。

在這四百多個洞窟中，保有北魏（386—535）與西魏（535—556）時代的壁畫的有卅二個。其中最完好的是第二四九洞，（據民國三十二年成立的國立敦煌藝術研究所的編號）我們茲可舉第二四九洞中的「狩獵圖」（圖十，彩色一）與「佛陀說法圖」（圖十一）以見敦煌風格的典型。其中人獸的那種原始趣味與其佛陀那種堅硬的印章似的姿態，顯示出風格中所謂「塗繪的」（painterly）格調在中國是如何凍結在止於裝飾的型態之中。（註六）臺北的國立歷史博物館，曾根據彩色照片，就北魏、隋、唐各朝的敦煌壁畫各選數圖，共計一百〇八幅，複繪了一間專室，雖然只是一個選樣，仍不失為很好的參考。上述二四九洞的「佛陀說法圖」即包括在其中。

在大量不知名的從事壁畫的民間畫工之外，這時期也產生了不少士大夫出身的著名畫家。他們從事於絹畫的製作，並也常常參加宗教壁畫的創作活動。據歷史記載，這一個時期內著名畫家有一百多人。初期最著名的是三國時吳國的曹不與與西晉的衛協。曹不與善作巨幅人物，當時有天竺僧人康僧會遠遊東吳，吳主孫權爲之立建初寺於建業，是江南第一座佛寺。康僧會携來印度佛像，曹不與見而習之，成爲中國佛像畫之始姐。衛協是曹不與之弟子，當時有「畫聖」之稱，是中國第一個被稱爲「畫聖」的畫家，影響亦很大。但他們的作品可惜均早已全部失傳。

整個魏晉南北朝的時期最著名與重要的畫家，自然是顧愷之（約344—406），他是中國繪畫史上留有畫跡的最早的大畫家。顧愷之，字長康，小名虎頭，東晉時無錫人，青年時曾任散騎常侍。除畫外，詩賦亦很出色。其繪畫據記載有七十餘件，並曾在江寧瓦官寺畫壁畫，題材包括史事，佛教，神仙，詩歌本事，人物，禽獸，山水。在當時畫家之作山水，只是用爲人物畫的背景。據古代之文字紀載，則獨愷之所作，乃能於繪人物之背景而更進一步，但其純粹的山水作品並未流傳下來。

愷之的畫，現在還保存的，主要只有「女史箴圖卷」與「洛神賦圖卷」的二件摹本。「女史箴圖卷」（圖十二）高約八寸，長約一丈二尺，卷末題有「顧愷之畫」四字，現藏倫敦大英博物館。此圖在北宋以前未見著錄，到北宋米芾著「畫史」才提到了它，認爲是顧氏眞跡。近人研究則認爲可能是隋代的摹本云。這畫可說是西晉詩人張華所作「女史箴」一文的幾段挿圖。張華的文章據說是爲諷諫淫妬奸詐的賈后而作，其文字內容不過是一些道德敎條，並無文學價值。但顧愷之的畫則有相當的藝術價值。它不但表現出中國古代貴族婦女的某些生活面，而其線條及筆法的運用又別有造詣。其線條顯出很强的運動感和節奏感，具有連續不斷、悠緩自然的特點。論者每稱顧愷之用筆「緊勁連綿」如「春蠶吐絲」或是「春雲浮空、流水行地」云云，從此畫中正可看出。

「洛神賦圖卷」顯示顧愷之更高的藝術成就，此圖現存者有五本之多。主要有兩本，一本藏於「北京故宮博物院」，號稱顧氏眞跡，另一本藏於華盛頓符瑞爾美術館（圖十三）。兩本均長逾十英尺，內容形式十分相近。近人認爲可能均是北宋時代的摹本，但與原作當十分接近。此圖取材於三國時魏國傑出詩人曹植的《洛神賦》。曹植在洛神

圖十二　東晉　顧愷之　女史箴圖(部分)

賦中，用浪漫主義的手法，通過人神戀愛的故事，抒寫他在封建壓力下失去了愛情的感傷。按曹植所愛的女子甄氏，據歷史記載，既美麗聰慧而又德行過人，却爲其兄曹丕所奪。曹丕篡漢後，初立甄氏爲后，未幾，又將甄氏賜死。曹植感傷之餘，在一次從京師回其封地而經過洛水時，夢見甄氏來和他相會，遂寫出了這篇賦。在賦裏他塑造了洛神這個動人的美女形像，使甄氏成爲了不朽的愛與美的女神。顧愷之的「洛神賦圖卷」更加發揮了高度的藝術想像力，充滿詩意的描繪了原賦的意境。書中洛神多次出現，或在水面凌波回顧，

或在雲間遨遊，或單獨一人，或與曹植並在。原賦中一些形容洛神的美麗與風采的比喻如「翩若驚鴻，婉若游龍」，「髣髴兮若輕雲之蔽月」，「皎若太陽升朝霞」等等，都得到了入神的描繪，畫中人物的風度與心理刻劃也很逼眞動人。例如畫卷開頭一段，描繪曹植涉水跋山，在黃昏時候來到洛水之濱，恍惚見到那美麗的洛水女神出現在平靜的水面上，畫上遠水泛流，洛神衣帶飄飄，含情脉脉，似來又去，傳達出一種可望而不可卽的無限惆悵情意。曹植則具有貴族詩人的風度，流露出無限依戀與惆悵的心情。全圖才華煥發的體現

宋初年之摹本）

圖十三　東晉　顧愷之　洛神賦圖卷（部分）

了原賦所提供的神妙意境，成爲中國藝術史上繪畫與文學結合的早期傑出範例。

這張「洛神賦圖卷」也使我們想起十五世紀意大利畫家波提倩里（Botticelli）的傑作「維納斯誕生圖」。不但從水波中出現的美麗而深情的洛神使我們想起同樣是誕生在波浪中的愛與美之女神維納斯，而波提倩里那種「線條的」(linear) 風格，體現古代文學意境的企圖，甚至其衣裙與樹葉的畫法，也極可與顧愷之相提並論。更有甚者，其所繪維納斯的形象，身材容貌風采之多種特徵，按諸洛神賦對洛神的描寫，竟也頗爲相合！洛神賦對洛神的具體描寫是：「肩若削成，腰如約素，延頸秀項，皓質呈露，芳澤無加，鉛華弗御，雲髻峨峨，脩眉聯娟，丹唇外朗，皓齒內鮮，明眸善睞，靨輔承權，瓌姿艷逸，儀靜體閑。」對於波提倩里的維納斯，除了「雲髻峨峨」要改爲秀髮飄飄外，均可一一相合。異地不同時的藝術家，對於美的觀念有時却仍有相通之處。

臺北故宮博物館則另有一種「洛神圖」，篇幅較小，圖中僅有洛神乘六龍所駕之輕舟，馳騁於波濤之上的一景，線條則較前者更見精巧。可能是比前者更晚些的一件節摹本吧。

除顧愷之外，南北朝時代的主要畫家還有陸探微與張僧繇。陸探微，劉宋時吳人（約生存於西元四三〇—四八〇年），其繪畫在當時評價極高，提出著名的「六法論」的南齊謝赫（479—502），在其《古畫品錄》中，顧愷之僅列入第三品，而陸探微列爲第一品之第一名，以爲「包前孕後，古今獨立」，列爲第一還是委屈了他云。但可惜其作品已完全失傳。

謝赫的《古畫品錄》，其實不過是一篇短文，但其篇首所揭出的繪畫「六法」，却對後代發生了極大的影響。所謂「六法」，乃是：一、氣韻生動；二、骨法用筆；三、應物象形；四、隨類賦彩；五、經營位置；六、傳移模寫。其中最重要的是第一法——氣韻生動，成爲評論的最高準則。現代學者的意見，大致公認此六法主要爲針對人物畫而言，「氣韻生動」就是要能顯示出生命的韻律之意。但謝赫所認爲眞正達到六法兼備的幾位畫家的作品，均已全部失傳。所以六法兼備的代表作究應如何，已無範例可按。

張僧繇，梁代吳人（約生存於西元四九〇—五五〇年），他與顧愷之、陸探微並稱六朝三大家。曾任直秘閣知畫事的官職，史稱他於畫道釋人物龍馬無不工妙，並畫了很多佛寺壁畫。又曾運用「天竺遺法」在一乘寺作凹凸花，轟動一時，但其作品眞跡已蕩然。現惟有一件摹本「五星二十八宿神形圖卷」，相傳摹自張氏，現藏日本大坂市立博物館。（圖十四）其畫亦是圖文相間。所繪五行二十八宿的三十三個星神現存十七個，或立或坐，或騎走獸，或跨巨龜，線條拘謹，色彩濃艷，形象凝重，畫得很細緻，但談不到有什麼生動之處。當時文字記載中對於僧繇作品特點的描寫：一是非常生動，二是有異國情調，觀乎此圖實難相應。此圖卷首題有「奉義郞守隴州別駕集賢院待制仍太史臣梁令瓚上」二十一字，梁令瓚是唐開元時代的天文學家，同時也工畫人物，所以清代鑑藏家安岐認爲此圖可能實卽梁令瓚所作（註七）。我想也可能是令瓚據僧繇畫意參以自己的畫法而成者。

魏晉南北朝時代，中國繪畫藝術業已蓬勃展開，而流傳下來的如此之少，則不能不歸因於人爲的大規模毀滅。其在北方，則北魏太武帝與北周武帝的兩度滅佛（西元四四六年及五七四年），先後「詔諸州，坑沙門，毀諸佛像」（註八），「佛道二教，經像悉毀」（註九），使壁畫藝術大受破壞。其在南方，則梁元帝摧殘最甚。按南朝至於梁

圖十四（傳）梁　張僧繇　五星二十八宿神形圖（部分）

武帝，獎掖文學，愛好藝術，對書畫蒐羅不遺餘力。元帝繼位，繼續搜集，而及其亡國城破之頃（西元五五四），乃憤而將所蒐書畫二十四萬件全部付之一炬！三國、晉、宋、齊、梁的文物，遂幾乎完全毀滅。敵軍將領在灰燼中檢出了四千餘件未及燒掉的，運往長安。及隋軍平陳，又得陳朝繪畫八百餘件。而到隋末大亂，這批後倖存的四千八百餘件南朝名畫又被毀滅了百分之九十以上。唐初，編《貞觀公私畫史》，刻意搜求隋以前歷代畫卷，已只剩二百五十七件了（註十）。到今天，則可按者只有上述數件摹本與僻處邊陲而獲保存的敦煌三十二窟壁畫而已，誠堪浩歎！

第二章附註

註一：參閱文崇一撰「楚文化研究」第五章（中央研究院民族民族學研究所專刊）。

註二：參閱同上書同章。

註三：唐代張彥遠所撰「歷代名畫記」中於毛延壽前尚有軒轅時的史皇，西周時的封膜，齊國的敬君與秦代的烈裔四人，但都只是後世據傳說而記載的人物，殆無其人。

註四：陸心源儀顧堂題跋曰：「漢武梁祠畫象為衛改所畫，武梁碑云：『良匠衛改，彫文刻畫，羅列成行。』是其證也」。（見余紹宋撰「書畫書錄解題」卷六）

註五：關於漢代磚畫，可參閱何浩天著「漢畫與漢代社會生活」（國立歷史博物館叢刊）。

註六：Michael Sullivan: A Short History of Chinese Art 第六章。

註七：見安岐著「墨緣彙觀錄」名畫續錄。

註八：魏書卷四下，世祖太武帝紀。

註九：周書卷五，武帝紀。

註十：「貞觀公私畫史」，唐貞觀時裴孝源編，計登錄三國魏代至隋代名家畫卷二百九十三件，屋壁四十七所。其中隋人畫三十六卷，隋代壁畫十八所，減除之後，則所剩魏晉南北朝時代的畫卷就只有二百五十七幅，壁畫二十九所而已。這些畫卷與壁畫至今也早已完全毀滅，本文所述現存的幾件畫跡則該書均未計及。

第三章

人物畫的黃金時代

——隋唐繪畫的風格及發展

一、時代與風格特徵

在中國繪畫史上，隋唐時期（581-906）是一個光輝燦爛的偉大時代。隋代時間雖短，而繪畫的成績却很豐富。三十餘年間，名家有二十餘人。而且由於政治上達成了南北的統一，繪畫亦有融和南北風尚的特色。例如來自江南的展子虔與生長北方的董伯仁，初則相輕，繼而相資，即是顯著的例子。及唐代建立，由繁榮的經濟和强大國力的基礎上發展起來的文學藝術，更成爲中國文化的一個高峰。繪畫方面，由於繼承發揚了兩漢魏晉南北朝時代繪畫的優良傳統，又吸收了外國文化藝術中的有用因素，結果無論在風格上、題材上、技巧上及理論上，均有重大成就與空前的發展。

整個隋唐時代的著名畫家，據記載，達三百餘人。他們的成就與這時代的歷史性發展，可分三方面說明。

一是繪畫題材範圍的擴大。隋唐時期是中國人物畫的黃金時代，而且它與過去不同的是突破了宗教的束縛，佛像的造型已趨於人間化：出現了體態豐腴、容貌端麗、具有惑人的風姿的菩薩形象。描寫貴族婦女生活的仕女畫也大爲發達。此外適應士大夫階級審美趣味的山水畫和花鳥畫也發達了起來。山水畫已經從過去主要作爲人物背景的陪襯而發展爲一門獨立的畫科，出現了像李思訓、王維那樣傑出的山水畫家。同時，能畫花鳥一類的著名畫家也達二十多人。還出現了許多善於畫某一類題材的畫家，如曹霸與韓幹善於畫馬、戴嵩與韓滉善於畫牛、薛稷善於畫鶴、李漸善於畫虎、盧弁善於畫猫、等等。

二是繪畫風格的豐富多采。即使畫同一題材，也呈現出各種不同的風貌。閻立本的人物畫與吳道子的便顯然不同，而不同題材的選擇也顯出不同的風格傾向，例如張萱周昉的貴族仕女與韓滉、戴嵩的農家耕牛，明顯的開拓着不同的境界。但儘管各人各有風格，却又有共同的時代特色，特別是盛唐時期，更有鮮明的特徵。這種特徵主要表現在形象豐腴而瑰麗，結構豪華而緊凑，色彩絢爛而調和，表現出一種健康奮發的時代精神。

三是繪畫技巧與理論的發達。許多畫家都重視寫生，對自然與人體都有深刻的觀察。繪畫理論的著作，據記載有二十多種。盛唐時期山水畫家張璪所說的「外師造化，中得心源」的創作思想，更成爲後代畫家的重要箴言。張彥遠的《歷代名畫記》則爲流傳下來的最重要專書。

總而觀之，隋唐時代的繪畫盛況，實大可與歐洲的文藝復興時代相提並論。

二、隋及初唐（五八一——七〇九）的繪畫（註一）

隋代（581—617）繪畫，據記載，可分卷軸與寺壁兩大類。其主要題材，仍以人物爲中心，而已漸有山水畫之發展傾向。最主要畫家乃爲展子虔，有一幅「遊春圖」，現存「北京故宮博物院」。據稱爲其眞跡。這也是現存隋代卷軸畫的唯一畫跡（圖十五）。

展子虔的生活年代約在西元五五〇至六〇四年間。史稱他對人物、山水、壁畫或卷軸無不擅長。現存之「遊春圖」又稱「春遊圖」，描繪明媚的春山綠水和遊人在山水中遊樂的神態。畫側有宋徽宗題「展子虔遊春圖」字樣，畫爲青綠重着色，山巒樹石，皆空勾無皴，此畫可說是中國第一張眞正的山水畫。他在對透視關係的處理上有了很大的進步，不只表現了空間的一般關係，並已經注意到空間的深度，人與山在透視的一定關係上有了適當的比例，泥金與重青綠的使用法則爲李思訓、李昭道父子風格的淵源。所以後人曾稱之爲「唐畫之祖」。與展子虔齊名的董伯仁，史稱善畫樓臺人物，其作品已不幸全部失傳。

至於隋代壁畫，則在敦煌尙保存了若

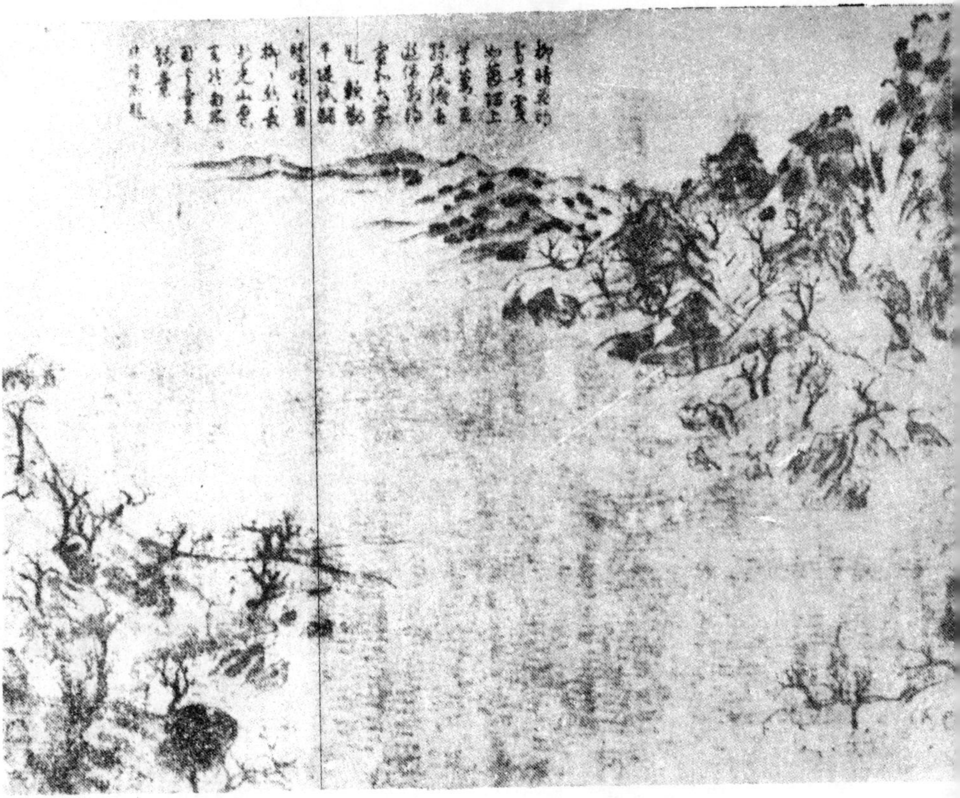

圖十五　隋　展子虔　遊春圖

干。比之北魏，技法顯得較爲成熟而細緻。（圖十六）

初唐時期（618—709）尚存有畫跡的主要畫家，要以閻立本和李思訓爲代表。閻立本（?-673）出身藝術世家，他的父親閻毗，兄閻立德，均以善畫聞名當世，並均長於工藝。兄弟兩人在初唐時曾先後出任工部尚書。閻毗與立德的作品均已失傳。立本的作品則現在保存下來的主要有「步輦圖」、「歷代帝王圖」和「職貢圖」三件。另外，臺北故宮博物院有一幅「蕭翼賺蘭亭圖」亦署爲立本之作，但這一張圖究竟是否閻立本的作品?內容是

否蕭翼賺《蘭亭序》？近人已深致懷疑。前故宮博物院副院長莊嚴先生更已確認它與閻立本無關（註二），可見臺北故宮博物院公佈的目錄與題籤還有很多問題。「步輦圖」是記載唐初漢藏民族之間親密交往的歷史。就是文成公主和藏族吐蕃國主棄宗弄讚（又稱松贊干布）聯姻的故事。棄宗弄讚於貞觀十五年（西元六四一年）派使者祿東贊來長安迎娶。「步輦圖」就是描繪唐太宗接見祿東贊時的情景。圖中對兩個主要人物——唐太宗與祿東贊的身份與性格，均有鮮明生動的刻劃。「職貢圖」現藏臺北故宮博物院，畫當時四夷來朝，各持其地方特產以為貢品的一個行列，甚為有趣。很可能是唐太宗貞觀五年（西元六三一年）南方林邑、婆利、羅利三國聯合入貢的寫眞（圖十七）。亦可見唐代國勢蒸蒸日上時的一種驕傲。

「歷代帝王圖」（圖十八、圖十九）是閻立本的代表作，現存美國波士頓博物館。它集中的表現了閻立本在人像畫方面的高度成就。圖中畫了從西漢到隋代的十三個帝王像（註三），加上他們的侍從共四十六人。此畫可注意的第一特點是閻氏在這圖中用反襯、對比手法，抱着鮮明的愛與憎的態度，刻畫了這些古代帝王的性格和精神面貌。例

圖十七　　唐　閻立本　職貢圖

如北周武帝，兩眼瞪視、雙臂張開、昂胸挺肚，儼然大獨裁者的姿態；陳文帝則盤膝而坐、面目祥和，穿着質料柔軟的夏季袍服，顯示出高貴文雅的氣質。第二點可注意的是其侍從的形象比主要人物要小一廓，這絕不是因爲遠近的關係，也不是透視的問題，而是企圖突出主體人物的手法。這可能是受到佛教藝術的影響，正如西洋文藝復興先驅畫家喬托（Giotto）承歐洲中古宗教畫之餘緒而也有同樣的作法。而閻立本早於喬托七百多年。閻氏此種畫法，當時並即遠傳日本。現存的日本最古肖像畫「聖德太子像」（約作於西元六九

七年〕，就完全仿其作風（圖二十）。還有第三點，是其筆墨的運用。全圖以紅、黑與乳白爲主調，線條簡練，和諧而有力，造成極其莊嚴的效果。此圖實爲現存中國古畫中最偉大最重要作品之一。

李思訓（651-716），爲唐朝宗室，曾受封爲右武衛大將軍，後人稱之爲大李將軍，其子昭道（約 670-730）則稱爲小李將軍。李昭道之時代雖已進入盛唐，但其畫風與其父相同，故可併入此處一起敍述。李氏父子以畫所謂「金碧山水」（亦稱「青綠山水」）著名於世，作品保存下來的已非常之少。李思訓主要只有一幅「江

圖十八　　唐　閻立本　歷代帝王圖卷陳文帝部分

圖十九　唐　閻立本　歷代帝王圖卷北周武帝部分

帆樓閣圖」，李昭道主要有二幅：一是「春山行旅圖」，一是所謂「明皇幸蜀圖」的摹本。以上三件現均藏臺北故宮博物院。「江帆樓閣圖」（圖二十一）的構圖大致可以從左上角到右下角劃爲兩部分，對角線下半部畫長松秀嶺，山徑層疊，碧殿朱廊，翠竹掩映，遊人三三兩兩，或步行，或跨馬，悠遊其中；上半部江水連天，波浪如魚鱗，綴以遠帆點點。設以濃重的金碧色彩，金色部分均已黯淡而成棕黃色，而當初之富麗非凡，猶可想見。此畫與展子虔「遊春圖」相較，在技巧上有繼承和發展的迹象，山石的丘

圖二十　日本奈良前期　聖德太子像

圖二十一　唐　李思訓　江帆樓閣圖

圖二十二　　唐　仿李昭道　「明皇幸蜀圖」(彩色二)

蜜雖仍平實，但略略多了一些變化，畫樹已用交叉取勢，彼此顧盼生姿，樹葉的畫法也比「遊春圖」中的來得多樣化，至其色彩與線條的運用，則顯係繼承展子虔的風格。

所謂的「明皇幸蜀圖」（圖二十二，彩色二），這名稱其實頗有問題。在以往畫史記載中，李思訓與李昭道的作品目錄中均有此圖。然而李思訓卒於唐明皇開元四年，比明皇幸蜀之時間早了五十年之多，當然不可能作有明皇幸蜀之圖。臺北故宮博物院認此圖原件應爲李昭道之作，而今存者爲唐宋之間的摹本。但李昭道的卒年，史家考定約在開元十八年，比明皇幸蜀之年尙早了二十六年！則李昭道亦不可能有「明皇幸蜀圖」之作了。又比觀所謂「明皇幸蜀圖」與另外那幅定爲李昭道作品的「春山行旅圖」，除了前者爲橫幅，後者爲立幅外，內容構圖、山水人物之安排，竟可說完全相同。又此所謂「明皇幸蜀圖」舊題簽爲「宋人關山行旅圖」，係經李霖燦先生之推測而改題爲「明皇幸蜀圖」（註四）。故如上所述明皇幸蜀與李昭道卒年之距離，則李氏父子之畫有明皇幸蜀圖實在均屬誤傳，而應認此圖爲李昭道「春山行旅圖」的仿本爲是。勞榦先生卽逕稱此圖爲「春山行旅圖」而認爲可能是全世界惟一眞的李昭道的畫，並認爲現在定名「春山行旅圖」的那一幅反而可能是晚唐五代時的摹本（註五）。「明皇幸蜀圖」與「春山行旅圖」均構圖雄奇、丘壑奇峭、人物生動、意境雋永，山石、林木、水流、雲彩的畫法都比江帆樓閣圖更來得縝密精緻，全圖用大青大綠來塡敷山石的凹凸向背的形態，用粉勾塡白雲，顯得輕重明暗，妥貼得宜，王石谷說「凡設青綠，體要嚴重，氣要輕清。」這兩圖可說的確已達到了「體重氣清」的境界。

綜觀李氏父子的這幾件作品，其風格主要是一種裝飾的表現。色彩除青綠外更加上輝煌的金色，使「金碧輝煌」一詞，從此成爲富麗的象徵。這種金碧派的風格，一直影響到明代的仇英。而如果閻立本的主體突出的構圖可比西洋的喬托，則李氏父子這種金碧輝映、精描細繪的風格似乎可比烏倩洛（Uccello）。

三、盛唐（七一〇—七五六）的繪畫

一般將唐玄宗開元元年至代宗大歷初年（七一三—七六六）稱爲盛唐時期，這種劃分，不大妥當，因爲自安史大亂既起之後，唐代社會元氣大傷，不復隆盛如前。這裡以七一〇年李隆基（玄宗）以臨淄王身份奪得政權起，至七五六年安史破長安止爲盛唐時期，這時也是唐代國勢最盛，社會最富裕之際，整個盛唐時期也即是唐玄宗當政的時期，玄宗自己很有藝術素養，他對文學藝術均十分提倡，繪畫藝術之發展，遂較前更爲輝煌蓬勃。主要代表大師則要推吳道子、王維、韓幹與張萱四人。

吳道子，又名道玄，河南陽翟人，生卒年代後人未有記載，約在西元六八〇年至七六〇年間，總之乃活躍於開元天寶年間。他幼年貧苦，青年時曾任小吏，但「年未弱冠」已「窮丹青之妙」（註六），又曾赴蜀川，感受了蜀道山川的優美，遂辭掉吏職，「浪跡東洛」，從事寺廟壁畫製作，逐漸揚名於世，唐玄宗知其名，召入內廷供奉，後來升到「寧王友」的清高官職。他長期以來被歷代畫家推爲「畫聖」，被民間藝人奉爲「祖師」，其崇高的聲譽，傑出的天才，豐富的作品量，以及記載所述的偉大有力的風格，在在均說明其爲隋唐時代，甚至整個中國歷史上，最偉大的畫家。而正可與西洋文藝復興盛期的米開蘭琪羅（Michelangelo）相比。他生平所作在長安洛陽兩地寺院中的壁

圖二十三(傳)唐　吳道子　天王送子圖（部分）

畫卽達三百餘幅，其中有佛教、道教的題材，也有山水畫。卷軸畫見於歷代著錄的也有一百多幅。但可歎其眞跡幾乎已全部湮滅，唯有一幅「天王送子圖」相傳爲其手筆，但亦有學者考定爲宋代摹本。

「天王送子圖」（圖二十三）又名「釋迦降生圖」，現存日本。全畫爲一白描手卷，可能是壁畫的底本，描寫佛教始祖釋迦降生以後，其父淨飯王抱著他進入神廟，諸神向他禮拜的故事。主要人物出現在圖卷的最後一段，面淸目秀的淨飯王小心翼翼的抱着太子（卽釋迦）緩步向前，他的後面緊跟着一個端莊美麗的王妃，卽是釋迦的母親摩耶夫人。她的近旁還有一個侍者，肩着一把儀仗用的傘。其人物神態安祥自然，形象莊嚴高貴，衣冠則完全爲唐代式樣而非印度式，面貌也完全是中國人。最重要的是其線條運用之無比流利而有力，線勢緊勁飄擧，所謂「吳帶當風」，槪可想見。另外，從法國Keim氏所收藏的一幅摹吳道子鬼怪圖的石刻畫拓本看來（圖二十四），其鬼怪的頭髮與衣帶均似舞動於狂飈之中，則更可見出此種「當風」的氣勢，其豪邁有力的風格，雖經再三傳摹，仍有躍躍之感。他的筆法，世稱「蘭葉描」，以與閻立本的「鐵線描」相對舉。

吳道子及其他唐代畫家的無數偉大壁畫之毀滅，則與南北朝時相同，乃係由於人爲的有計劃大破壞所造成。按佛教在唐代不斷受到道教與儒家人士的妬忌，必欲滅之而後快。到唐武宗會昌五年（八四五），終於陰謀得逞，下詔毀天下佛寺。成爲中國歷史上第三次也是最大一次對宗教的大迫害。（前兩次爲北魏太武帝與北周武帝的滅佛，也就是北朝壁畫毀的主要原因。）當時萬餘所佛寺均被拆毀，其中數萬幅偉大的壁畫也就全部同遭浩刼，（前兩次滅佛主要爲經濟及軍事上之原因——使人民不能出家以避稅及兵役，會昌滅佛則主要爲文化及權力鬪爭上之原因——對佛教得勢不能容忍。）後周世宗顯德二年（九五五），又再下令滅佛，使晚唐復建的一些寺廟及其壁畫也告破滅殆盡。中國輝煌偉大的壁畫與人物畫時代，就此永刼不復，曷勝哀哉！

差堪告慰的是，唐代的壁畫原在地面上的雖已毀滅殆盡，而今日尚可在邊遠地區的敦煌及近年發掘的唐墓壁上見到若干。西安附近發掘出的唐永泰公主墓中的壁畫，即是極好的代表。永泰公主爲唐中宗之女，其墓建於中宗神龍二年（七〇六）。其中所繪的

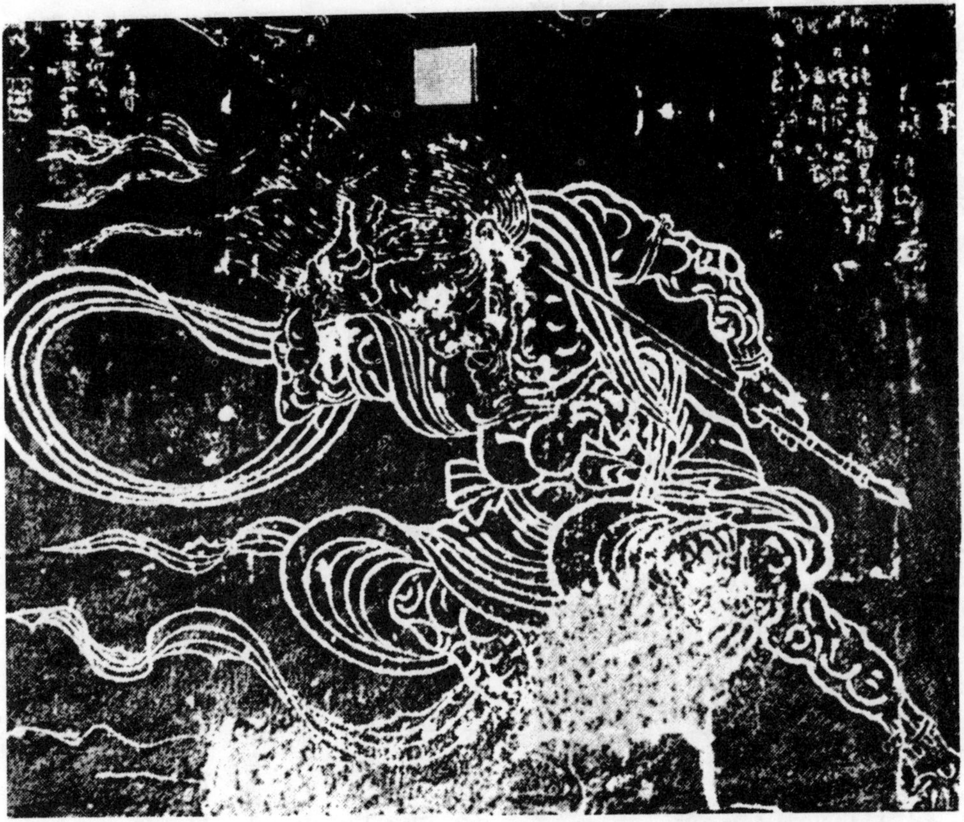

圖二十四（傳）唐 吳道子 鬼怪圖

一個宮女立像（圖二十五），體態豐腴，線條矯健有力，顯示出唐代人物畫的典型。至於唐代的敦煌壁畫，爲數尚不少，但由於第一流的畫家並不遠赴敦煌，在敦煌作畫的不過是當時的無名畫工，所以其作品並不能代表唐代最高的藝術水準，反之，在顯示當時的一般風格上則是絕好的資料，尤其是題有天寶年號的若干作品，它們著色鮮明，人物衣著寬博，面貌豐腴雍容，正爲盛唐的一般時代風格得到有力的證據。

如果我們以吳道子來說明盛唐時期的人物畫，那末王維（701-761）可以當作

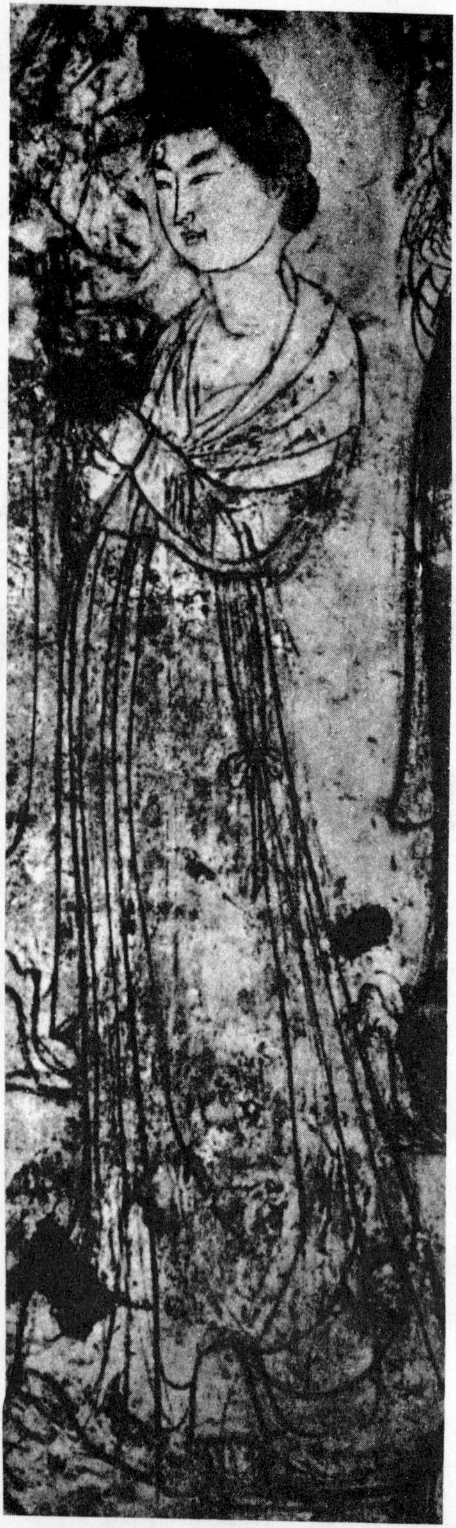

盛唐山水畫的代表人。王維是中國歷史上傑出的全才藝術家之一——在繪畫、文學與音樂三方面均有高度成就。史稱其「詩中有畫，畫中有詩」，對後代發生了深長的影響。王維的畫傳流至今的主要只有「雪溪圖」、「江山霽雪圖」、和「輞川圖」的摹本及相傳爲其所作的「伏生傳經圖」四種，但技法上並不一致。「雪溪圖」（圖二十六）經宋徽宗考爲眞跡而加以題簽，是中國第一張黑白山水，所以王維也被認定爲中國水墨山水之祖，而被明代董其昌推爲所謂「南宗」畫之開山以與所謂「北宗」之李思訓對擧。但

圖二十六　唐　王維　雪溪圖

事實上此畫除了水墨之外，却運用了不透明的白粉塗在紙上來顯出其雪色。所以尙非純粹的水墨畫。「輞川圖」與「江山雪霽圖」爲著色山水。「輞川圖」的一種明代摹本，現存美國西雅圖美術博物館（圖二十七），爲一長卷，畫中是十分工筆的樓臺殿閣與樹木，色彩全幅塗滿，實與李思訓的金碧山水同屬一派，其構圖是觀光導遊地圖似的。圖中每一景都註上了名稱，十分古拙而拘謹。它與什麼「行雲流水」、「瀟洒不羈」之類的形容詞是拉不上關係的，臺北的國立歷史博物館爲墨西哥世運往展的輞川圖另一摹本（傳爲明仇英所

圖二十七　唐　王維　輞川圖（明代摹本）

摹）也與西雅圖所藏者十分相似，可見原畫大致確是如此。至於「江山雪霽圖」（圖二十八），現存美國夏威夷，則風韻與另兩圖不甚相同，其山頭畫法雖與輞川圖有相近處，全圖却具飄渺之詩感。若此圖爲眞跡，則應爲其所存作品中最能表現出「畫中有詩」的特色的了，此種淡雅清逸的風味構成了寫意山水畫之內在本質。又從某一角度來說，王維也可說是中國第一個眞正的純粹山水畫家，因爲在王維以前，無論展子虔或李思訓、李昭道父子，其山水畫中無不帶有若干故事性，而到王維才眞正純粹以山水爲內容而全無故事或人

圖二十八(傳)唐　王維　江山雪霽圖(部分)

物活動的成份。王維在中國山水畫發展中的地位，若比之西洋，使我們想起喬教尼（Giorgione），喬教尼是十五、十六世紀之交時的人了。中國山水畫的發展比西洋早了七百多年。至其「伏生傳經圖」，現存日本。畫一個瘦骨嶙嶙的伏生席地據案作書，形狀古拙，竟大似歐洲中古哥狄（Gothic）時代的聖徒畫像。

至於王維與所謂南北分宗的關係，美國蘇立文教授（Michael Sullivan）曾有精要的論述。他指出：「南北分宗的理論以及王維獲得南宗之祖的地位的原因，實係由晚明時期一批學者評論家所發明，用以支持他們自己一派的繪畫，以壓到當時的專業畫家與宮廷畫家。我們已知王維亦以彩色作畫，而且與他同時代的還有遠比他更有原創力的畫家。他之所以被提舉到中國繪畫史的這一峰巔之上，乃是表現著一種自宋代以來即爲所有畫家所共具的信仰，那就是：一個人的畫亦如其書法，應該是人格的表現而不是技巧的表現。王維是人的理想典型，所以他就必須也是畫家的理想典型。」（註七）

盛唐時期第三個偉大畫家。要推畫馬大師韓幹（約西元七二〇—七八〇）。韓幹爲另一畫馬名家曹霸的學生，並曾受到王維的提攜。杜甫在他的詩中曾經極力推崇曹霸畫的馬而譏貶韓幹，說：「幹惟畫肉不畫骨，忍使驊騮氣凋喪。」但曹霸的畫已無流傳。唐代另外兩個畫馬名家李緒（註八）與韋偃的作品，今亦難求（註九），則不能不推韓爲畫馬首席了。而從韓幹現存的「牧馬圖」與「照夜白」兩件作品，我們也非但不覺得其「驊騮氣凋喪」，反要爲其驊騮之雄姿勃勃、活力充沛所屈服。但問題是，與王維一樣，他留存的兩張作品，技法、風格並不一致。「牧馬圖」（圖二十九）現藏臺北故宮博院。畫中一個馬官騎着白馬，和一黑馬並轡緩行，馬的神態雄健而馴順。其畫，筆墨

圖二十九　唐　韓幹　牧馬圖

嫻熟，寫生工細。「照夜白」（圖三十）是畫唐明皇的一匹愛馬，該圖以不多的筆墨，畫出了一匹被羈之馬昂首嘶鳴的氣勢。其筆墨比前一圖拙得多，馬的形狀比例也不正確，但其所生動的表現出不願受羈的精神氣勢，却仍使它不失爲一張傑作。此圖現存英國倫敦。究竟那一張是眞正的韓幹的風格？或者韓幹的藝術包含了兩種不同的格調？實屬無從定論。但總之，韓幹的藝術，可以作爲唐代繪畫在人物與山水之外的新題材新發展的代表成果，亦同時更具體的表現出了盛唐那種龍馬般的奮發的時代精神。在西洋也許只有文藝復興

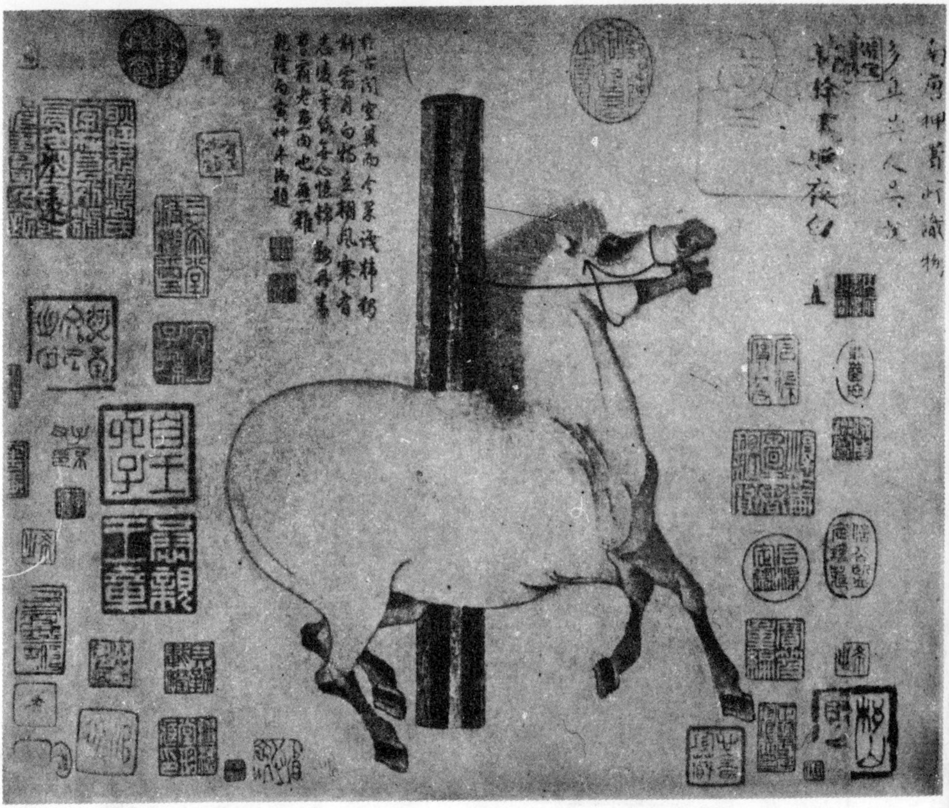

圖三十　唐　韓幹　照夜白

時代德國大畫家杜勒（Dürer 1471-1528）的健馬差可比擬。

此外，以畫婦女著名的張萱，至今尚有遺跡可按，當可推爲盛唐時期第四位主要畫家。張萱生平不詳，只知在玄宗時曾任宮廷畫師，擅長畫婦女、和貴族的遊樂生活。其作品現存者有相傳爲眞跡的「明皇合樂圖」，與「搗練圖」及「虢國夫人遊春圖」的兩件摹本。「明皇合樂圖」（圖三十一）現藏臺北故宮博物院。畫一個着便裝的儒雅的唐明皇仰臥在榻上吹弄洞簫，旁有宮女四人，或坐或立，或和歌，或端茶，姿態生動。另外兩件則均爲宋徽

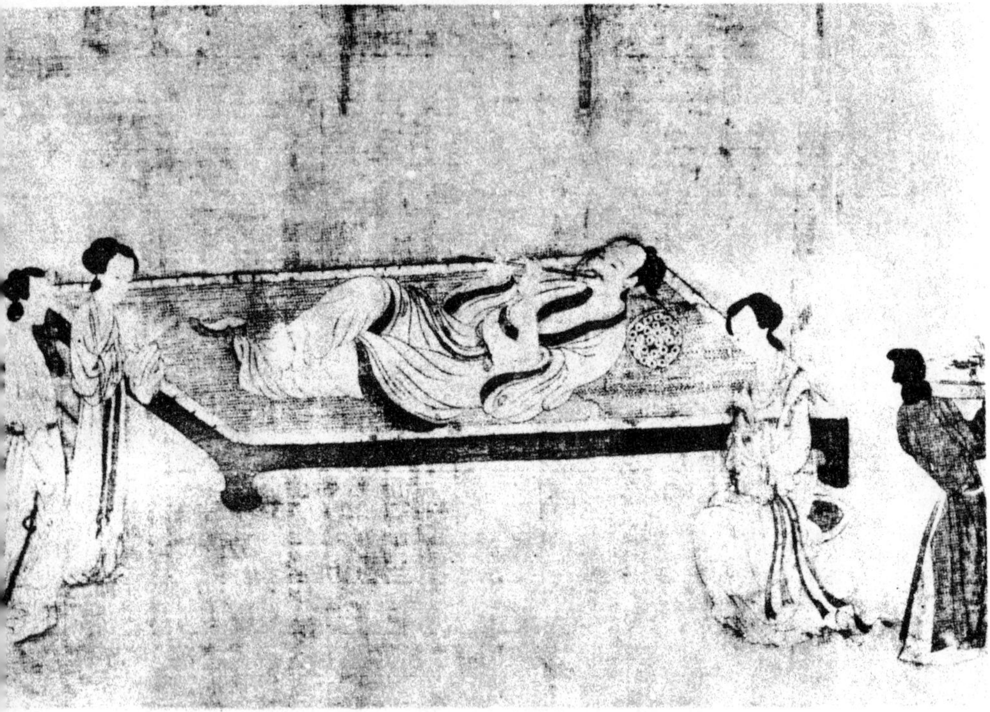

圖三十一(傳)唐　張萱　明皇合樂圖

圖三十二　　唐　張萱　搗練圖（宋徽宗仿本）（部分）

宗所臨的摹本。「搗練圖」（圖三十二）現藏美國波士頓博物館，圖中描繪婦女製練的情景。練是絲織品一種，織成後必須煮過、漂白、再用杵搗，才能柔軟潔白。這畫卷中卽將其過程分爲三個部份，開始一部分繪四個婦女用木杵搗練；第二部分是兩個人，一坐在地毡上理線，另一坐在凳上縫紉；第三部分則是幾個婦女正在把練扯直、用熨斗熨平。整個畫面用抽象的空間背景把三組人物聯繫了起來。對動作的描寫則十分精到。搗練中的捲袖、扯練時的微微着力而後退，搧火小女孩因怕熱而回頭，無不體察入微。晚唐時期的評論家朱景玄在其所著之《國朝名畫錄》中，乃將張萱列爲「妙品」，可見所得之評價。

四、中唐及晚唐（七五六——九〇六）的繪畫（註十）

自安史之亂至唐亡的整整一半世紀之間，繪畫流傳下來的並不比盛唐的半世紀間更多，留有畫跡的主要畫家只有周昉、韓滉、載嵩和貫休四人。

周昉爲前述張萱的學生，而靑出於藍，成就重大。朱景玄卽將他列爲全唐畫家中僅次於吳道子的「神品」第二名。周昉，字仲朗，與張萱同爲陝西長安人。生卒年代不詳，其從事繪畫活動的時間約在唐大歷到貞元（七六六—八〇四）的三、四十年間。他出身貴族家庭，一生在貴族社會中度過，他的人物畫多是描繪貴族婦女生活，顯然是和他這種家庭出身和生活環境密切相關。周昉的作品見於歷代著錄的約有一百餘件，可惜至今保存的主要只要「簪花仕女圖」和「執扇仕女圖」、「調琴啜茗圖」三件。

「簪花仕女圖」（圖三十三，彩色三）乃描寫唐代貴族婦女的閒逸生活與豔麗風姿。圖中畫六個盛裝的貴婦，或採花，或看花，或慢步，或戲犬。他們的衣飾打扮極爲華麗典雅，面容豐腴，頭上都堆着高髻，並且簪着錦繡的花朶，身上披着輕紗。記載中周昉人物畫的形象特點：所謂「豐厚爲體」「曲眉豐頰，雍容自若」，在此均得到了鮮明的體現。「執扇仕女圖」描繪宮廷婦女的生活，表達了他們由於不自由的生活產生的難以排遣的憂鬱心情。「調琴啜茗圖」則描繪了貴族婦女品茶聽琴的風雅生活。在周昉的繪畫裏，盛唐繪畫的華麗、工細、健壯的風格，也都得到了鮮明的表現。周昉，他不但在當時享有盛譽，而他所表達的「面如滿月」「體態嫺靜」的女性美的典型，更長時期的影響了後代的畫風，直到現代畫家張大千所作的美女形象中仍可見到其遺韻。周昉的線條是圓渾而沉靜，與吳道子的健邁奔放完全不同，如果吳道子可比米開蘭基羅，那末周昉的地位與影響似可與拉斐爾（Raphael）比肩。

韓滉與戴嵩則同爲畫牛名家，韓滉（723—787）字太冲，德宗朝宰相。畫人物犬馬均工，尤好畫田家風俗，作有「田家風俗圖」等，可惜已失傳，留傳畫跡有「五牛圖」一幅，所畫五匹耕牛有五種不同的姿態，所謂「步者、齕者、縱跱而鳴者、顧而舐者、翹首而馳者」，筆力勁健，極爲生動。戴嵩，略與韓滉同時或稍幼，生平不詳，惟知曾在浙西做過小官，流傳有「鬪牛圖」一幅相傳爲其所作，圖中畫兩匹奔躍縱跳、牴觸相鬪的活潑水牛，顯示出很高的寫生成就。他們這種關心和描寫農村牲畜和農家生活習俗的傾向，開啓了寫實主義的新方向。

我們若說周昉的貢獻是「華美」的創造，則貫休的貢獻却是「醜怪」的表達。貫休（八三二—九一二）是一個和尚，俗姓姜，身世不詳，惟知其晚年入蜀，蜀主王衍對他相當禮遇，賜號禪月大師，圓寂之年已是唐亡後的第六年了。現今幸運尚留有作品「十

圖三十三　　唐　周昉　簪花仕女圖（部分）（彩色三）

六羅漢圖」存於日本（圖三十四）。所作羅漢之狀貌，或則醜極，或則怪極，而在醜怪之中自有一種莊嚴神聖氣象，在美學上不能說沒有獨特的地位。

此外，花鳥畫亦在晚唐時期興起。最有名的花鳥畫家是邊鸞與刁光胤。邊鸞最長於畫孔雀。刁光胤善畫竹石、禽鳥，曾是五代著名花鳥畫大師黃筌的老師。

又有潑墨山水之祖的王洽；兼長人物、山水、禽獸的孫位等，均爲歷史記載中的晚唐名家。則中晚唐之繪畫盛況，亦不多遜於盛唐。中唐時期以其寫實主義，晚唐時期以其純審美的傾向，分別成爲該期內新興的特色。

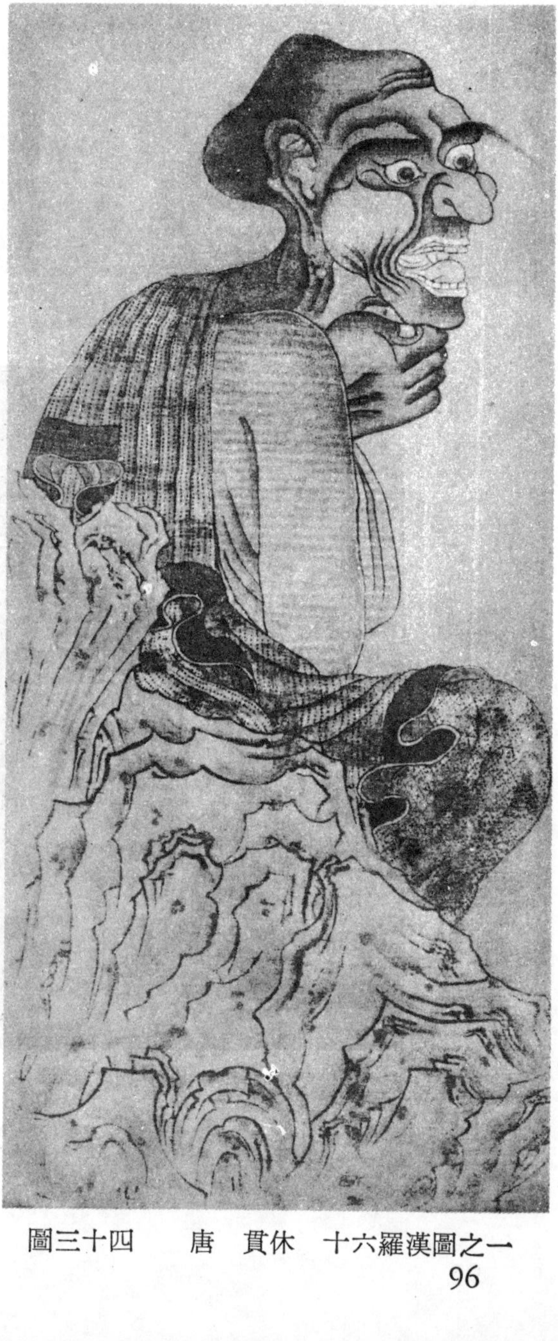

圖三十四　唐　貫休　十六羅漢圖之一

五、結論

綜觀隋唐時代的繪畫，顯示出無可比擬的元氣淋漓、莊嚴而務實的特色。水墨山水尙屬微弱不顯，晚唐興起的花鳥畫在當時亦尙未能佔有重要地位。主要盛行者則先後可分爲五流：

㈠古典派：上繼六朝餘緒，以初唐閻立本爲代表。高古鮮麗。畫人物爲宗。線條連綿而多用弧狀曲線。影響遠傳於日本。盛唐以後則歸於消沉。

㈡金碧派：隋代展子虔爲首，畫工筆山水，唐代李思訓、李昭道屬之。影響遠及於敦煌。用色濃重，典麗輝煌。有强烈的裝飾性，終唐之世，十分盛行。

㈢神韻派：以吳道子爲代表，與工筆之其他四派均大異其趣。多用白描，用色很少（參閱第一章註四），以人物爲主，線條瀟脫而時用折線，氣勢滂礴，神韻非凡，弟子甚多，自成巨派。影響亦傳至日本。史稱吳道子亦作山水，然已不可復按，論者或有以其山水爲宋代抒情派山水畫（李唐、馬、夏諸人）之遠源者。

㈣宮廷派：張萱、周昉爲代表，畫工筆之艷麗人物，含有裝飾性成份，爲與神韻派同時發生的對古典派人物畫的兩種不同方向的改革。亦與神韻派分庭抗禮。

㈤寫實派：從盛唐時起，若干畫家又專門致力於各種動物生態的描繪，尤其是與日常生活密切相關的家畜，韓幹的畫馬與牧馬軍士，韓滉、戴嵩的畫牛與田家風俗，開啓了寫實派的門戶。

察其發展，隋及初唐猶承六朝餘緒，盛唐則富浪漫精神，中唐興寫實風氣，晚唐發唯美傾向，與隋唐時期文學的發展線索正相一致。

在那空前富强繁榮、文化鼎盛，而且並世無國可比的大時代裏，一種樂觀主義的、精力充沛的、坦率接受可觸的現實的精神，貫穿在繪畫與各種藝術之中，毋乃爲歷史之所必然。

第三章附註

註一：對於初唐與盛唐的分劃，這裡以七一〇年臨淄王李隆基取得政權爲盛唐之始，故初唐時期爲六一八至七〇九年。

註二：參閱莊嚴「閻立本蘭亭考」（山堂清話之十九）。

註三：這十三個帝王是：漢昭帝、漢光武帝、魏文帝、蜀漢昭烈帝、吳主孫權、晉武帝、陳文帝、陳宣帝、陳廢帝、陳後主、北周武帝、隋文帝和隋煬帝。

註四：見李霖燦撰「宋人關山行旅圖」（大陸雜誌六卷三期）。文中並認此圖應爲宋人仿唐之作，臺北故宮博物院對此畫之標題則定爲「唐人明皇幸蜀圖」。

註五：見勞榦撰「敦煌壁畫與中國繪畫」（「敦煌藝術」第六章）。

註六：朱景玄「唐朝名畫錄」

註七：Michael Sullivan, A Short History of Chinese Art, 1967, P.P. 160-161.

註八：李緒，唐宗室，封江都王。杜甫詩：「國初以來畫鞍馬，神妙獨數江都王。」可見其造詣。

註九：臺北故宮博物院雖有一幅「雙騎圖」署爲韋偃之作，但應爲僞托，因韋偃爲玄宗時人，而該畫上却題着：「大唐貞觀春韋偃畫」，相距達百年，顯爲淺學之士所造。

註十：這裡以安史破長安爲盛唐之結束，以八二〇年（元和十五年）宦官弒憲宗，從此宦禍日烈不已，爲晚唐之始年，故中唐時期爲七五六至八一九，晚唐時期爲八二〇至九〇六。

第四章

從投向自然到超越自然

——五代兩宋的繪畫流派與風格

一、時代與風格特徵

五代是中國山水畫長期發達的開始，花鳥畫也蓬勃展開，人物畫亦尙有名手。兩宋時，山水畫更達到登峰造極的黃金時代，花鳥畫則亦超越人物畫而扮演了重要的角色，惟人物畫家雖非無人，健壯樂觀的人物畫的偉大時代却隨唐代的滅亡而漸遠漸逝。五代兩宋的繪畫代表風格也正與隋唐時代恰成對比：隋唐時代的繪畫代表性風格是英氣勃發、絢爛豪華、樂觀而坦率的接受可觸的現實，具有戲劇式的壯麗；五代兩宋繪畫的代表性風格是內省深思、幽沉清雅，往往超塵出俗而具有哲學式的靜穆，亦又有唯美傾向的出現。此時期也出現了描寫社會民生的繪畫，也有承繼唐風的華麗作品，但就這整個時代看來，它們不是主流。這種風格主流上的變遷，由亦國勢上的文弱，學術上的理學與禪宗思想的發達，以及整個民族之由於歷史經驗之豐富而趨於老成，均為造成影響之原因。但此時期內大畫家之多，及新創風格之盛，幾可謂空前絕後，實為中國繪畫史上極偉大的時代。

二、五代及北宋初年（九〇七——九七九）的繪畫

自唐代滅亡（九〇六）至宋太宗太平興國四年（九七九）滅北漢，中國歸於統一，其間七十三年的繪畫藝術，由於封建割據、軍閥混戰和政治中心的分散，也顯示出地區性發展的特點。當時繪畫藝術的發展，大致可分三個地區：一是中原地區，如後梁、後唐；二是西蜀地區，如前蜀、後蜀；三是江南地區，如南唐。

中原地區，由於戰亂頻繁，許多畫家為了逃避戰亂，隱居深山，用畢生精力去畫山

水，並借此表達其對生活的理解與希望。因此這個地區的山水畫的發展特別迅速。最重要的畫家，就是荆浩和他的學生關同，以及關同的學生李成。

荆浩，字浩然，河南沁水人，生卒年代不詳，因避唐末戰亂，隱居於山西太行山之洪谷，長期從事山水樹石的繪畫。史稱其畫善爲雲中山頂，氣局筆勢，非常雄橫，但可惜其作品已極少留傳，只有一幅「匡廬圖」（圖三十五），現存臺北故宮博物院，相傳爲其作品。此圖確實氣勢雄橫磅礴，線條筆法與唐人大不相同。他徹底掃淸了唐代金碧山水的裝飾趣味。而人與建築物，都退到了極其渺小的地位。山水，純粹的山水，完全的統治了他的世界，他全心全意的投入了自然的懷抱，也從此打開了山水畫時代的門戶。但匡廬卽廬山，在江西，他既長期隱居太行山，何以會去畫江西的廬山之圖呢?故是否爲其作品，不無可疑。不過他的重要，更在其所著筆法記（一名「畫山水錄」），記其一生山水畫創作經驗的總結，並提出「氣、韻、思、景、筆、墨」的所謂「六要」，成爲中國山水畫的重要理論著作。

關同爲荆浩學生，五代梁時人，所作畫據歷代記載達九十餘件，喜作秋山寒林、村

圖三十五　五代　荊浩　匡廬圖

圖三十六　五代　關同　關山行旅圖

居野渡等景象，達到了「筆愈簡而氣愈壯，景愈少而意愈長」的境界，其畫被人稱爲「關家山水」，可見在當時已有很高的聲譽。現在留存的作品主要有「關山行旅圖」一幅（圖三十六），在臺北故宮博物院，又名「寒山行旅圖」。清乾隆時之鑑賞家安岐，曾描述此畫之概況爲：「絹素厚硬，神氣煥然，中一大山高聳，四面渾圓，其雄偉之勢令人駭目。山石輪廓，落筆有粗細斷續之分，皴法加以水墨皴染，其間山腰樓觀，溪面橋樑，茅屋野店，雜以雞犬驢豕之屬，客旅往來，宛然眞景。」（註一）荆關兩人對後代山水畫的發展有很大的影響。蓋中國之山水畫，自初期的展子虔、李思訓以精工細密是尙，至王維、張璪等出而變精工細密爲淡逸平遠，及荆關崛起，又變淡逸平遠爲高古雄渾。

李成（九六七）、字咸熙，唐之宗室。他特別善予描寫北方曠野荒郊的寒林景色，作畫的態度極爲嚴謹，史稱他「惜墨如金」。現存作品主要有藏於臺北故宮博物院的「寒林圖」、「寒江釣艇圖」及藏於美國納爾遜美術館的「晴巒蕭寺圖」（圖三十七）等。上述第一幅畫空山澗水，夾岸喬木成林；第二幅所畫爲岩間飛瀑，下臨絕壑，四松參差挺峙，一漁翁棹艇而至，衝寒持釣，悠然自得。第三幅氣魄最爲宏大，一所建築精微

圖三十七　五代　李成　晴巒蕭寺圖

的寺廟位於畫面正中央，背後是高崇垂直的山峰，峰左有曲澗流成飛瀑注入畫面下端的潭中，寺廟與潭水之間則有丘壑、樹林、村舍、小橋與往來人物。風格清爽勁挺，足爲一代鉅製。

他們這種山水畫，開創了偉大雄渾的局面，與他們同時居住江南的董源、巨然，及以後北宋中葉的范寬、郭熙等，亦均有很相似的格調，這種格調，我們可以稱之爲巨碑派，蓋一方面他們的畫面中總是有一座（或數座）長方形的巨大如碑的山頭，一方面也顯示他們在中國繪畫史上爲重要里程碑的地位（註二）。這時期中原地區的繪畫，也可說完全是「巨碑派」的天下。

西蜀地區，經濟條件比較優越，戰亂較少，同時，在唐代就常有中原地區畫家來此活動。唐末、中原地區很多著名畫家如孫位、刁光胤、貫休等，都先後來此避難。所以在五代初期，一時畫家雲集。及前蜀政權成立，又首先在宮廷內設立圖畫院，爲中國歷史上正式設立「畫院」之始。所以西蜀地區，無論山水畫，花鳥畫都有很大的發展，而以花鳥畫家黃筌及其子黃居寀最爲著名。

黃筌，字要叔，四川成都人。少年時拜唐末著名花鳥畫家刁光胤爲師，十七歲就當了西蜀畫院「待詔」，從此一直在畫院供職，有出入宮廷之便，看到各種珍禽、異獸、名花、奇石，其作品遂以富麗工巧爲其特點。其畫法是先用極細而不太濃的墨線勾勒物體的部位與輪廓，然後塡以色彩，其兒子居寀繼承之。時人以「黃家富貴」一詞概括他們父子的風格，又稱爲「黃體」。到宋朝時，成爲畫院品評作品的標準。黃筌作品甚多，據記載達三百餘件。但現在留存的主要只有「竹鶴圖」（圖三十八）和「寫生珍禽圖」兩件。「寫生珍禽圖」中畫了十幾只鳥和一些昆蟲，是給他兒子作練習範本用的畫稿，所以畫中各件動物任意安排，未求章法。黃居寀作品留存的則有「山鷓棘雀圖」一幅。

江南地區的南唐，和西蜀同樣受戰亂破壞較少，又有優越的自然條件，本來就是文學藝術家聚集之處，宮廷內亦有圖畫院，所以這裡的繪畫也有很大的發展，而且無論人物畫、山水畫、花鳥畫，都有顯著成就。

人物畫方面，可以周文矩與顧閎中爲代表，兩人均是南唐畫院待詔。他們都繼承並

圖三十八　五代　黃筌　竹鶴圖

圖三十九　五代　徐熙　玉堂富貴圖

發展了唐代周昉和張萱的風格。周文矩有「按樂宮女圖」傳世，現存美國芝加哥美術館。顧閎中傳世作品有「韓熙載夜宴圖」，描繪一個被皇帝（李後主）猜忌的大臣（韓熙載）在一次夜宴中的五個場面。按韓熙載因爲是北方人而仕於南唐，受到後主李煜的猜忌，爲了免禍，遂以醇酒婦人，疏狂自放，李煜乃派顧閎中到韓府窺探。此圖卽是顧閎中默記了韓熙載家中夜宴活動而繪成。對於宴會中各種人物的形態表情，都有十分生動細緻的刻劃。

花鳥畫方面，最傑出的畫家是徐熙。徐熙與西蜀的黃筌齊名並稱，史稱他的畫法與黃筌有所不同，以線條墨色爲主而色彩爲輔，世稱「徐體」，風格樸素自然，所以時人以「徐熙野逸」來與「黃家富貴」對擧云。惟其作品以現存臺北故宮博物院的「玉堂富貴圖」（圖三十九）觀之，色彩也很豔麗，甚至顯得比黃居寀的山鷓棘雀圖還要炫目，所以黃徐兩家區別其實並不若史稱的那麼大，而乃與周文矩、顧閎中等均爲唐代華美風格之承續者。

山水畫方面，傑出的代表有董源、巨然和趙幹。董源，號北苑，江南鍾陵人。舊史

洞天山堂

圖四十（傳）五代　董源　洞天山堂圖

圖四十一　五代　巨然　溪山蕭寺圖

記載形容他的畫爲「平淡天眞」，但現存臺北故宮博物院的「洞天山堂圖」（圖四十）如果是他的眞跡，則此話很不恰當。此畫中有一極其雄壯的山頭矗立白雲之上，白雲下方則有蒼松、曲澗、樓閣、小橋，橋上立了兩個人，對比之下更顯出山岳驚心動魄的巨大感。而對於白雲的色彩的强調則又使畫面顯出一種神秘的氣氛。所以從這張畫看來，董源的風格實在是巨碑派的，「深遠雄壯」的，不是「平淡天眞」的。但現代學者認爲就此畫的絹面結組特徵和近乎米家雲山的技法觀之，此畫恐不能早於北宋，因而也不能認其爲董源的

圖四十二　五代　趙幹　江行初雪圖

眞跡。(註三)此外，現存作品主要尙有「龍宿郊民圖」與「瀟湘圖卷」等。「瀟湘圖卷」用「平淡」兩字來形容倒還適當。巨然是一個和尙，江寧人，俗名不詳，是董源的學生。南唐亡後遷居於汴京。現存作品主要有「溪山蕭寺圖」與「蕭翼賺蘭亭圖」等。「溪山蕭寺圖」(圖四十一)現存美國克利夫蘭美術館，那直立塔形的山峰，簡淡秀潤的筆墨，正是其風格之典型代表。

趙幹也是江寧人，爲南唐後主畫院學生，「江行初雪圖」是他的代表傑作(圖四十二)。此圖爲一長卷，長達十二英尺以上。從此圖看來，他與「巨碑派」的畫家，無論在題材上或方法上均不相同。題材上「巨碑派」畫家多以山爲主而以水爲輔，而他則純畫水景，並以表現漁民在寒多中冒雪捕魚的艱苦生活爲其思想主題。畫幅的形式方面，「巨碑派」畫家多用立軸，而他仍用較古的長卷形式。用筆上，前者則「落筆有粗細斷續之分」，他則「遒勁如屈鐵」。所以自成獨立風格，他雖是畫院的學生，其作品則在寫社會之現實，而爲寫實派的。

趙幹的作品流傳下來的據記載還有一幅「青綠山水卷」，也長達十一英尺以上，設色繪江南景色，山水竹樹樓舍人物工細絕倫，臺北李氏私人所藏，尙未公開展出過。

綜觀五代及宋初的繪畫，在短短七十餘年間，有記載的畫家達一百五十餘人，而且名家輩出。實爲中國繪畫史上承先啓後的重要時期。尤其是巨碑派山水畫的發生，更正如一座巨大的里程碑般投下了劃時代的影響。

三、北宋盛期（九八〇——一一二六）的繪畫

北宋統一之後，政府加强中央集權制，國內局勢比較安定。同時，農業經濟得到恢

復和發展，城市手工業和商業也很發達。直到金兵入侵前，社會尚可說是一個繁榮局面。政府對於繪畫極力提倡，設立規模宏大的「翰林圖畫院」，很多皇帝如仁宗、神宗、徽宗、欽宗，也都對藝術有很高的造詣。繪畫藝術達到了極蓬勃的發展。

其時，山水畫繼承荆、關、董、巨及李成開創的新局面，成爲繪畫的主流。首先繼承這種「巨碑派」風格的代表大師，則爲范寬（約九六〇—一〇三〇）。范寬名中正，字仲立，華原人。善於描寫華北地區雄奇壯偉的山岳。現存作品主要雖然只有一幅「谿山行旅圖」（圖四十三）但已足可見出其偉大的成就。他以很簡單的構圖方式，表現出無比剛古雄偉的氣勢。巨碑般岩石構成的山岳屹立在畫面中央佔了三分之二的地位，而造成了使人屈膝仰望的神聖感。畫幅的下面三分之一是近景，包括森林、丘壑、古寺、溪澗、道路、棧橋和驢馬組成的旅行隊。這構圖使人想起李成的「晴巒蕭寺圖」，但范寬顯然比李成更强調的表現出山的逼人的雄壯，竟似有意要爲「鬼斧神工」提出憑證，迫使你不得不承認造物者的偉大。實可謂「巨碑派」山水畫最偉大的典型代表作。

繼范寬而起的巨碑派大畫家尚有許道寧與郭熙。許道寧，河間人。年青時做賣藥商

圖四十三　北宋　范寬　谿山行旅圖

圖四十四　明　董其昌　臨范寬谿山行旅圖

圖四十五　北宋　許道寧　江山捕魚圖

人，業餘學李成畫，顯示出了他在繪畫方面的天才，遂專門畫畫。後並任著作左郎的官職。他的畫用筆勁挺有力，峰頭直皴而下，樹如屈鐵，卓然成家。當時卽獲得很高的聲譽，留存作品主要有「雪溪漁父圖」、「關山密雪圖」和「江山捕魚圖」（圖四十五）。前二幅現藏臺北故宮博物院。後者藏於美國納爾遜美術博物館，爲一長卷，是巨碑派作品中少有採取長卷形式的作品，長度將近七尺，波浪般律動的山脈，巉巖的峭壁，荒瘠的山坡，危石纍纍的溪流，眞是氣象萬千，使人得到强烈的音樂性的感受。可說是他最重要作品。

郭熙，字淳夫，河南溫縣人，生卒年份不可詳考，供職畫院，從事創作於仁宗末年至神宗熙寧年間（一〇六〇—一〇七八），現存作品主要有藏於臺北故宮博物院的「早春圖」（圖四十六）等。「早春圖」與李成范寬的作品有類似的構圖上的安排，但給人的感受却不同，它充分掌握了其題目所示的早春的氣象，圖中的樹叢有的新葉初濃，有的枝幹清簡而有生意，較遠的山脚下有一層薄霧，似乎羣山正從嚴多的沉睡中醒來。整張畫顯示着一種飄渺秀麗的風韻，不同於李成的清爽勁挺，也不同於范寬的剛古雄偉。

圖四十六　北宋　郭熙　早春圖

圖四十七(傳)北宋　米芾　春山瑞松圖

郭熙在繪畫理論方面也有其貢獻，他的理論由其兒子郭思整理爲「林泉高致集」，繼荆浩「筆法記」而成爲山水畫理論的一代名著，他主張除了廣泛的學習前人經驗之外，更要「飽游飫看」，深刻的理解自然，再進而取其精華，進行創造，並用許多實例來說明中國畫的觀察方法與寫生方法，又指出山水畫的境界要使人感到「可居」「可遊」才算好，只有這樣才能具有高度的感染性。所論極爲精到。

巨碑派山水至於郭熙，已發揮殆盡，這時另出蹊徑，別開生面的則爲米芾（一○五一－一一○七），米友仁（一○七二

圖四十八　北宋　米友仁　雲山圖

一一五一）父子。米芾字元章，襄陽人；友仁字元暉，世稱小米，其後半生已入南宋了。他們的風格乃遠繼王維的水墨清淡，近承王洽的潑墨畫而有所發展，追求煙雲掩映的渲染的趣味，世稱「米氏雲山」，又稱「米點雲山」，因爲其畫面大多用點而非用線構成。對後代影響很大。蓋自巨碑派興起，山水畫以雄渾高古爲宗，而唐代王維、王洽的那種淡遠的風格，始終微弱不顯。至二米而乃重拾遺緒而更加以發展，從而奠定寫意派之新基。爲了達到這種效果，在工具上也有所變革，他們不再於絹上作畫，紙亦不用膠礬，有時並放棄用筆，而用紙筋，蔗渣等物。米芾留存作品極少，臺北故宮博物院所藏「春山瑞松圖」恐非眞跡，但當可彷彿其風格：煙雲飄渺而富有詩意。（圖四十七）他在書法方面亦有傑出造詣。並撰有「畫史」、「書史」、「畫評」等文字。米友仁作品留傳者有「雲山圖」（圖四十八）等。此圖以水墨畫雲山烟樹，很典型的顯示出他那種「濃處淡處隨筆所之，濕處乾處隨勢取象，爲雲爲烟，在有無之間」（註四）的妙趣。

山水畫之外，北宋的人物畫大師則可舉武宗元與李公麟二人。武宗元，河南人，於景德年間（一〇〇四—一〇〇七）主持玉清招應宮壁畫製作，故約與范寬同時。其風格

圖四十九　北宋　武宗元　朝元仙仗圖（部分）

爲唐代吳道子的追隨者，所作人物畫卷尚有「朝元仙仗圖」（圖四十九）留存於紐約，又稱「八十七神仙圖卷」。其人物英姿勃勃，衣袂臨風飄擧，氣韻極爲生動。由之亦可想見吳道子的繪畫是何等氣象！

李公麟（約一〇四〇——一一〇六），安徽舒州人。熙寧年間考中進士，任過一些不大的官職，晚年隱居龍眠山，自號龍眠山人，故又稱李龍眠。他的作品據記載有一百多件，以白描人物見稱於世，但亦有彩色作品。又善於畫馬及佛像，時人認爲他的馬勝過韓幹，蘇軾稱贊他畫的馬是「不惟畫肉兼畫骨」，以與杜甫之譏韓幹之「幹惟畫肉不畫骨」成爲對照。龍眠的畫風美國耶魯大學的班宗華教授强調之爲六朝顧愷之風格的復興者，以與武宗元之繼承吳道子作對照（註五）。其實，他固然有不少作品是復興六朝古典人物畫之風格，但也有追隨吳生神韻派風格的作品，明代宋濂指出：「公麟集顧（愷之）、陸（探微）、張（僧繇）、吳（道子）諸家之長」（註六）實非僅可歸入顧愷之一派而已。現存李公麟作品主要有「五馬圖」、「臨韋偃牧放圖」、「免胄圖」、「維摩詰像」及「麗人行」等。「五馬圖」現藏日本，畫中五匹大馬由五個人牽着，神采

圖五十　北宋　李公麟　維摩詰圖

駿發，顧盼驚人，用筆純熟簡練。「臨韋偃牧放圖」現藏「北京故宮博物院」，畫原野牧馬情狀，幾百個看馬的人驅策着一千多匹馬，在山坡沙磧之間，浩浩蕩蕩，雄偉無比。「免胄圖」現存臺灣，畫郭子儀免去戎裝會見回紇統帥，使雙方和解的故事，在宋代畫出這畫，實具有積極的時代意義在內。畫中對各個人物的造型，均有精心的刻劃。「維摩詰像」（圖五十）現存日本東京，即爲發揚吳道子風格的作品，圖中，身着中國衣冠的維摩詰倚坐榻上，盛裝的天女立於身後，線條優美絕倫，似較武宗元更勝一籌，足爲吳道子與武宗元以後神韻派之後勁。「麗人行」則繼承唐代宮廷派之作風。

花鳥畫在北宋畫壇上亦有重要地位。北宋初年花鳥畫受黃筌畫派影響最大。黃派畫法成爲當時皇家畫院取捨的標準，當時黃派代表作家即是黃筌之子黃居寀。直到過了將近一百年，到了宋神宗時代（一〇六八—一〇八五），產生了易元吉和崔白等人，才一變筆法，使宋代花鳥畫有了新的風貌。易元吉善畫蜂、蟬、猿、獐。崔白以鴨、荷、鳧、雁出名，而尤善作墨梅。宋代花鳥畫的最偉大代表者則爲宋徽宗趙佶（一〇八二—一一三五）。趙佶在政治上是一個昏庸腐敗的皇帝，但在藝術上則有卓越的成就，並大力發展

圖五十一　北宋　徽宗(趙佶)　桃鳩圖（彩色四）

「畫院」，對於宋代繪畫藝術的繁榮，也有一定的貢獻。他又大量搜羅古今名畫，編成一百帙，內分十四門，總數達一千五百件的《宣和睿覽集》，其中包括上自三國時代曹不興下至黃居寀的許多名畫。又下令編撰《宣和書譜》和《宣和畫譜》，畫譜所載畫達六千三百九十六軸，爲研究中國美術史提供了寶貴的資料。趙佶的藝術成就，除花鳥畫外，對人物、山水和其他雜畫也有相當造詣。留傳至今的作品主要有現存大陸的「臘梅山禽圖」、「芙蓉錦雞圖」，現存日本的「桃鳩圖」（圖五十一，彩色四）現存美國的「五色鸚鵡圖」及現存臺灣的「文會圖」等。據說他畫鳥雀，常用生漆點睛，小豆般的凸出在紙絹之上，十分生動，爲前所未有的獨創技法。他的書法瘦勁鋒利如屈鐵斷金，故稱「瘦金體」，在書法藝術上也有完全獨創的風格。

此外，大文學家蘇軾（一〇三六—一一〇一）亦以善畫竹著名，所作以寫意爲宗，曾說「論畫以形似，見與兒童鄰」。「胸有成竹」的成語也就是由他而來。又有文同，字與可（一〇一八—一〇七九）是蘇軾的好朋友，亦爲畫竹名家。（圖五十二）「竹」之入畫，蘇、文爲開路功臣。兩人亦與二米同爲寫意派之早期大師。

圖五十二　北宋　文同　墨竹圖

最後北宋末年風俗畫大師張擇端的「清明上河圖」當可爲北宋時代的壓卷之作（圖五十三）。此畫爲一長逾十七英呎的長卷，畫北宋首都汴梁，在清明節那天從城郊到城內街市的繁華熱鬧景象，規模十分宏偉。畫成以來，列代均加重視，所以摹本和仿本也很多。近年發現而收入「北京故宮博

物院」的一本，又稱「寶笈三編本」，已公認爲宋畫，係張氏原作（圖五十三）。臺北故宮博物院所藏而印成郵票者則爲清代仿本，由宮廷畫家沈源畫成初稿（圖五十四），再由程志道等五人合作完成。無論「沈源本」或「五人合作本」，都比「寶笈三編本」弱得多。此畫整個長卷主要可分爲城郊

圖五十三　北宋　張擇端　清明上河圖（部分）

、汴河、城內街市三個部分。描繪了無數房屋、樹木和各行各樣的人物，他們中間有農民、船夫、商人和小手工業者，有官吏、有讀書人、有大鬍子道人、有行脚和尚、有走江湖的醫生和看相算命的賣卜先生，有各種各樣的攤販……眞是三百六十行行行俱全。在這衆多的紛紛擾擾熙熙攘攘的人流

圖五十四　清　沈源　清明上河圖（部分）

之間，有人駕車，有人挑擔，有人在船中和激流戰鬪，也有人到處遊逛……。至于街市上的各種商業活動，也是五花八門，形形色色。有掛着各種牌號的店鋪、作坊、酒樓、茶館，也有當舖和各種小商店。所有這一切，構成了汴梁城內街市上紛然雜陳的繁華景象，這一切，自卷首至卷尾，都描寫得有條有理，引人入勝。所以，「清明上河圖」眞可說是反映當時市民階層生活的偉大詩篇。圖中不僅眞實生動的充分反映出當時社會生活的狀況，而且畫家對當時被看作下層人民的船夫、縴夫、架屋工人等等勞動者，有着深刻的了解和同情，在作品中把他們作爲汴河上的主人，促成汴梁繁榮的主要力量，來着力的加以刻劃。這畫突破了唐代以來人物畫主要以宗教和貴族生活爲題材的範圍，開始努力描寫新興市民階層的生活場面，而規模之大，描寫人物之生動細緻，都達到空前的境地。北宋的輝煌雖然悲慘的破滅了，但幸有張擇端留下了這張「清明上河圖」，使人至今仍能對當時的社會得到活生生的感應。

四、南宋時代（一一二七—一二七六）的繪畫（附遼金）

高宗南渡之後，對繪畫繼續提倡，江南社會亦稱安定，繪畫藝術在南方乃繼續有蓬勃的發展。被認爲南宋第一個大畫家的是李唐，李唐的一生其實大部分時間是生活在北宋時代（約一〇五〇—一一三〇），但一向稱之爲「南宋四大家」（李唐、劉松年、馬遠、夏珪）之首，其繪畫對南宋時代繪畫發展也有重大的影響。李唐、字希古，河陽人，徽宗時入畫院，北宋亡後，跋涉千里，來到臨安，復爲畫院待詔，享年約八十歲。他的畫兼長山水、人物，而以山水畫更有重要地位，馬遠與夏珪均受其影響。美國的中國藝術史家李雪曼（Sherman Lee）把他們的畫風稱為「抒情派」（Lyric Style）（註七），蘇立文（Michael Sullivan）則用浪漫主義（Romanticism）稱之（註八）可謂繼北宋「巨碑派」而起的另一極重要畫派。李唐的偉大曾一度受到掩蝕，直到第二次世界大戰結束不久，二張留存在日本的山水畫經科學方法鑑定為李唐的作品之後而才得到了他應有的聲譽和地位。這兩張山水（圖五十六、五十七）以往數百年來均被誤題為吳道子作品，但在經過紅外線照相後，在每幅中央的樹林間發現了李唐的簽名，世人才知道了他是馬夏畫風的啓導者，而為抒情派的首席創始人。這兩張現藏日本京都高桐院的山水，也是現存李唐最主要的作品。其畫在筆法上用大斧劈皴，而最可注意的是其構圖，與「巨碑派」的構圖有了極大的不同。他不再畫大山大水的全景，而只突出的取山川奇秀的一部分加以着力表現。其後馬遠、夏珪即繼承這種構圖方式而更加發揚，造成南宋山水畫與北宋山水畫的顯著變化。他們的特色是更善於從廣濶的大自然中概括出最富有藝術感染力的動人形象。這在山水畫的發展上，無疑是很大的進步。至於臺北故宮博物院所存李唐的「萬壑松風圖」（圖五十五），則構圖上仍屬巨碑派之作風，圖中在一座筍

圖五十五　南宋　李唐　萬壑松風圖

圖五十六　南宋　李唐　山水兩幅之一

圖五十七　南宋　李唐　山水兩幅之二

形的遠山上簽了名，還署了年代，是北宋末年時的作品。其畫筆墨森嚴，氣象逼人，顯示出很高的功力，足爲巨碑派山水之最後傑作，亦可見李唐之爲新舊風格上承先啓後的大師。

馬遠與夏珪比李唐晚了數十年。馬遠字遙父，號欽山，原藉河中，他出身繪畫世家，曾祖馬賁，伯父馬公顯，父親馬世榮，兄馬逵都是畫院的畫家，他在光寧兩朝（一一九〇—一二二四）爲畫院待詔。夏珪字禹玉，珪又寫作圭，臨安人，在寧宗時（一一九五—一二二四）爲畫院待詔。生卒年均不詳。馬遠留存的主要作品有「雨中山水」（圖五十八），現藏日本東京靜嘉堂，「商山四皓圖卷」，現藏美國辛辛那提藝術博物館，「踏歌圖」，現存大陸，及臺北故宮博物院中的「雪灘雙鷺」（圖五十九）等多幅。夏珪現存主要作品有藏於美國納爾遜美術博物館的「山水十二景圖」（殘存四景）（圖六十）和在臺灣的「溪山清遠圖」（圖六十一）長卷等，還有一件著名的「長江萬里圖」，歷代摹本很多，現存的一種長達三丈三尺有餘，但近時很多鑑藏家都認爲可能是明代人的摹本。馬夏山水畫的主要特點是以雄奇簡練的筆法，水墨蒼勁的大斧劈皴，來描寫

圖五十八　南宋　馬遠　雨中山水

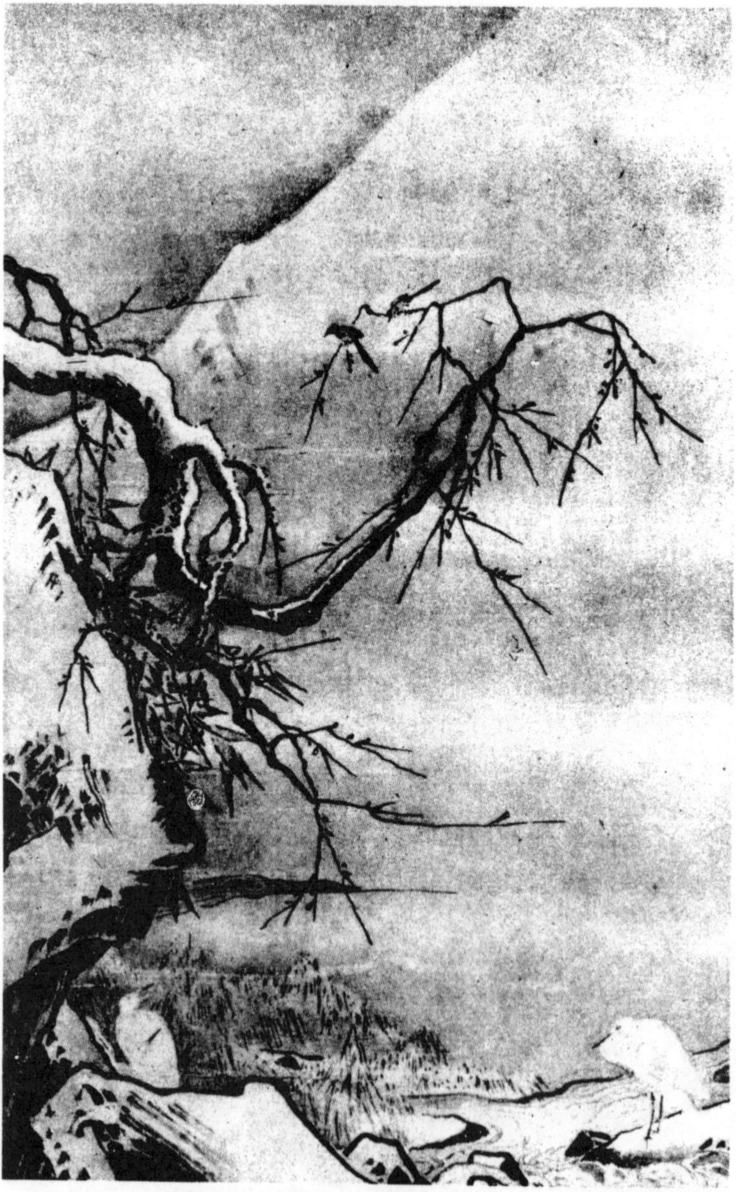

圖五十九　南宋　馬遠　雪灘雙鷺

江南雄秀清麗的山川。在構圖方面，善於將複雜的自然景色予以高度的集中和概括，使得畫面上所表現的藝術形象比原來的客觀對象更集中，更突出。馬遠畫山常畫山之一角，畫水常畫水之一涯，最擅於選擇優秀的角度，把大自然複雜的的形態，歸於單純和高度的完整，達到最精省最凝練的境界。夏珪則更善於剪裁與美化自然景物，並善畫山水長卷，表現出精粹而磅礴的廣濶境界，他的作品，無論是一丘一壑的小景或洋洋數丈的長卷，都充滿了力量與感情，沒有什麼複雜華麗的舖張，而一種高深的意趣和雄奇洒脫的氣象却躍然於畫上，其强烈的感染力使人精神爽朗胸懷寬濶。他們的畫僅用水墨，山石用大斧劈，畫樹瘦硬如屈鐵，樓閣用「界畫」，但又並不是一味剛健，而是剛健與柔和相結合，筆法豪放而嚴謹，變化而融和，氣勢縱橫而意境秀麗，極富抒情的詩趣，使觀者從他們精練的畫面中導入了詩一般愉快的境界。這就是歷代評畫者所謂的「水墨蒼勁」的風格。這種風格不但成爲明代浙派繪畫的導師，而且對日本室町時代的繪畫也發生很大的影響。馬遠的兒子馬麟、夏珪的兒子夏森，也均能繼承其父親的風格而在畫壇留下聲譽。

圖六十　南宋　夏珪　山水十二景（部分）

圖六十一　南宋　夏珪　溪山清遠圖（部分）

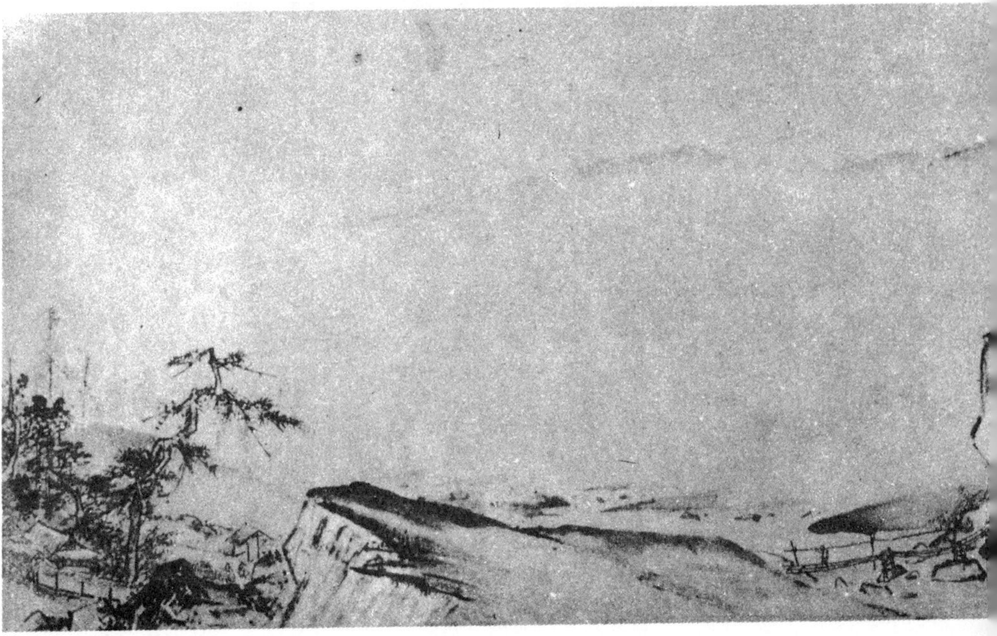

劉松年與馬夏同時，畫的風格則與李唐、馬遠、夏珪並不接近，影響也不如他們三人。臺北故宮博物院有其所畫「羅漢圖」（圖六十二），傳有濃麗的色彩，鉤勒工謹，與該院所藏另一南宋時西南邊區的大理國畫家張勝溫的「梵像圖」倒有相類的作風。可以歸入這種工筆風格的南宋主要畫家尚有趙伯駒，他們均可與五代及北宋初年的「宮廷派」遙遙相承。

趙伯駒（一一二〇—一一八二），字千里，爲宋之宗室，工山水、人物與樓臺界畫，而以其樓臺界畫最爲著名，現存作品主要有臺北故宮博物院中之「漢宮圖」（圖六十三），爲絹本設色之桃圓形扇面，傅彩古豔，畫宮殿庭園，其建築式樣實際是宋朝式的而不是漢朝式的。殿前有宮女兩行，擁簇一貴婦人，並有馬車駕停駐圍牆之外。清乾隆皇帝題詩於上，以爲是漢武帝七夕會西王母故事，恐怕是附會而已。用筆細而沈着有力，極爲精謹。

此外，傑出畫家尚有李嵩與李迪。李嵩，錢塘人，在光、寧、理三朝爲畫院待詔。工畫道釋人物，亦長於界畫。現存作品主要有臺北故宮博物院中的「羅漢圖」、「月夜

圖六十二　南宋　劉松年　羅漢圖

圖六十三　南宋　趙伯駒　漢宮圖

觀潮圖」，美國納爾遜美術博物館中的「赤壁泛舟圖」及「觀鬪雞圖」等，均爲設色畫。用筆蒼勁而流暢。其「赤壁泛舟圖」（圖六十四）中波浪的畫法，尤可見出這種特點。此畫爲一扇面，只有右上角有一壁岩石，左下角有一組礁石，蘇東坡與他的朋友乘一葉扁舟，在水天相接的波濤中泛遊。畫中眞正的主角則是那變化無窮，廻旋湧盪的波浪。所謂「眞力充沛，運轉若神」，眞可以當之無愧。

李迪的生活年代約與趙伯駒同時（一一一〇—一一九七），也是河陽人，並亦供職於畫院。善畫耕牛及農家生活，其「風雨歸牧圖」（圖六十五）畫蘆汀暮雨，柳岸歸牛，一童戴笠執鞭，一童戴笠爲風吹落，顯出極其生動活潑的意象，尤其著名於世。他們重視現實生活的描寫，有工筆之巧，亦復含有抒情的意趣，似可視爲繼張擇端之後的寫實派名家。

至於北宋及南宋初年之二米、蘇、文所倡發的寫意派，到了南宋中葉，繼抒情派而又更進一步的創新與發展，是則爲牧谿與梁楷的成績。牧谿與梁楷之名在中國曾數百年湮沒不彰。民國初年鄭昶著《中國畫學全史》一巨册，梁楷尚未被提到，牧谿亦只在次

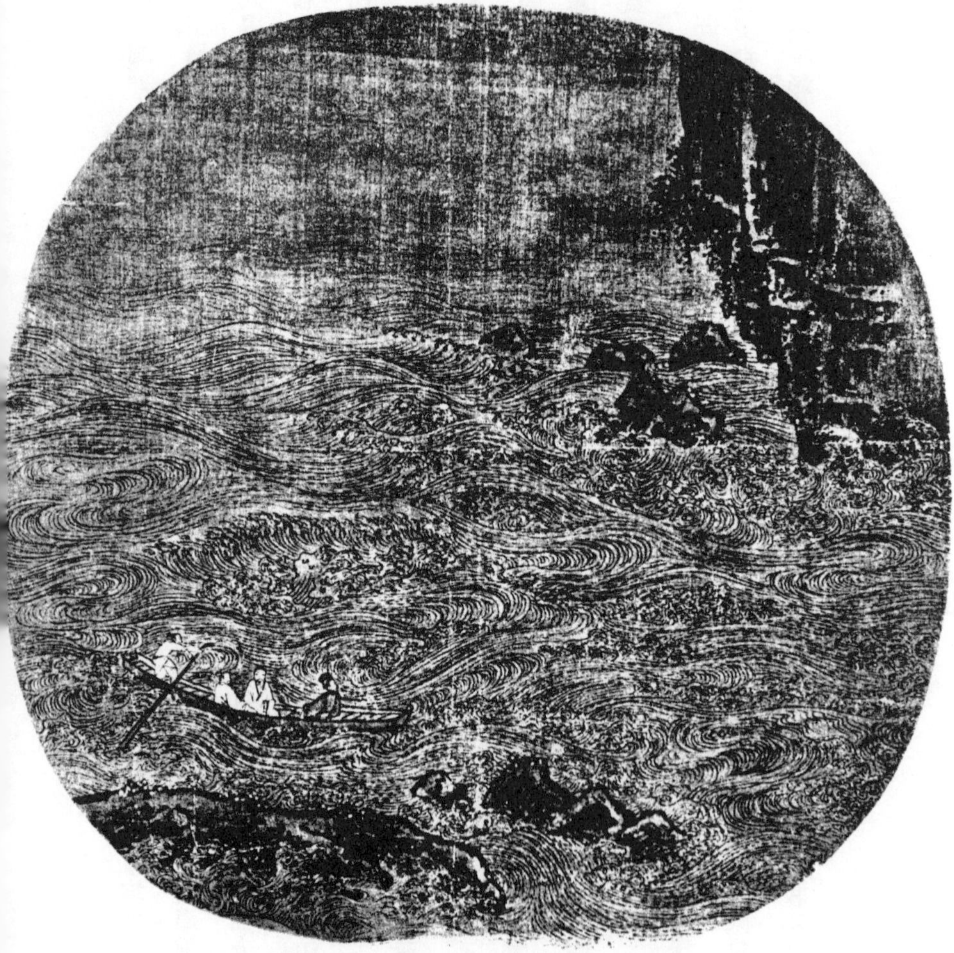

圖六十四　南宋　李嵩　赤壁泛舟圖

要畫家中列出其另一名字—法常而已，但他們在東西兩洋却均有極高的聲譽，他們的畫跡現在大多留存在日本。

梁楷曾在寧宗嘉泰年間（一二〇一—一二〇四）爲畫院待詔，卒年可能在一二四六年左右。牧谿是四川出身的一個和尚，又名法常，時代比梁楷再晚一點，生卒年份不詳。他們將禪宗的理趣融滙到繪畫之中，以最簡略的筆墨表現出對於人生物象的體認與禪機的參悟，發展爲「超形象」的傾向，梁楷的「六祖截竹圖」、「李白行吟圖」（圖六十六），牧谿的「六柿圖」（六十八），「瀟湘八景圖」等均充分的體現了這種傾向。顯出其比抒情派更爲簡淡更爲強調個人情感思想而不重客觀描寫的超越精神，至於牧谿的「猿、鶴、觀音」圖（圖六十九）與梁楷的「出山釋迦圖」（圖六十七）（見第一六二頁）等，則用了較多的筆墨，是他們較爲保守的作品。他們的作品，顯示出了中國山水畫的發展經歷，從五代宋初巨碑派諸家全心傾慕的擁抱自然，到南宋抒情派馬、夏諸人重點突出的表現自然，到他們更進而達到了神遊象外的超越自然之境界。

至於與宋代同時的北方之遼與金，雖然由於統治階級的文化較落後，繪畫也比較宋

圖六十五　南宋　李迪　風雨歸牧圖

圖六十六　南宋　梁楷　李白行吟圖

圖六十八　南宋　牧谿　六柿圖

圖六十九　南宋　牧谿　猿、鶴、觀音圖（部分）

朝衰落。但也有幾個傑出畫家，卽爲遼的蕭瀜與金的武元直和李山。蕭瀜，契丹人，爲遼之貴族，生當北宋初年。當時凡有人自遼入使宋朝，他必定托其購求名跡以資臨摹。其所作爲工筆花鳥，設色極爲明麗，正是刁光胤、黃筌一派的唯美風格。武元直，金章宗時（一一九〇——一二〇九）進士，正與南宋的馬、夏同時，留存作品有「赤壁圖」，氣勢開濶，筆意圓硬，意趣雖不及前述李嵩「赤壁泛舟圖」的美妙，但也有特立之面目。李山，約與武元直同時，山東平陽人，留存作品有「風雪杉松圖」（見本書卷首折頁）現存美國。此圖以橫幅作水墨雪景，長松杉樹，籬院修竹，氣勢極爲蒼勁，筆法承巨碑派之遺風而構圖則略參抒情派之意趣，可見他對當時南宋繪畫之新發展也並不陌生，此畫所顯示的境界是獨創而逼人的。（註九）金另有王庭筠，善畫竹石，風格繼蘇、米之後。

五、結論

綜觀五代兩宋的繪畫，就其風格之發展，實可區分爲下列八大流派：

㈠巨碑派——起於五代之荆、關、董、巨，均以山水爲題材而畫大山大水之全景。北宋李成、范寬、許道寧爲中堅，郭熙爲後勁，而以李唐的前期作品爲結束。其畫多爲水墨，具偉大雄渾的局面，又有幽沉靜穆的氣慨，大師輩出近二百年左右，對後代影響極巨，爲中國歷史上最重要畫派之一。

㈡宮廷派—盛行於五代及南北宋之交，畫工筆的人物臺閣，實繼承唐代之遺風。以周文矩、顧閎中、趙伯駒、劉松年等人爲代表，其畫多以細緻的線條與豔麗的色彩作精描細繪，表現貴族階層的興趣。

㈢唯美派——我們用這名稱來稱工筆花鳥畫家，此派在晚唐興起。到五代北宋而盛，黃筌、黃居寀、徐熙、蕭瀜、趙佶等均爲此派之名手，以精緻華麗爲其風格特徵，亦表現了富貴階級的審美觀。

㈣寫實派——畫人物、畜獸、風俗，以對現實社會的觀察，寫民生情狀，以趙幹、張擇端爲代表大師，此種客觀描寫現實社會的眼光，後繼者不多，李嵩與李迪或可以歸入此派。

㈤抒情派——畫山水而專取其最富藝術感染力的一部分加以着力表現，以雄奇簡練的筆法，水墨蒼勁的大斧劈皴，將複雜的自然予以高度的集中與概括，以李唐、馬遠、夏珪爲代表，淸雅幽遠、精粹磅礴，繼巨碑派而爲南宋繪畫之主流。

㈥神韻派——武宗元之人物畫，風格直紹吳生，生氣勃勃，畫多白描，線條如行雲流水。此派人數很少，但亦足爲唐代盛行一時的神韻派之繼續發展。

㈦古典派——六朝顧愷之的古典人物畫風至盛唐以後卽消沉不彰，李公麟的大部分作品則遠追顧氏而復興之。惟公麟之風格不限於顧氏一派，亦有近似吳道子之作品，實能結合顧吳之優點而有其獨自之面目。

(八)寫意派——既揚棄巨碑派的雄渾亦不採抒情派的奇秀，而以淡遠飄逸爲尙，强調個人的感興而不重客觀細節之描寫，題材以山水爲主、兼及花果、人物，而均以簡略瀟洒之筆墨表現出作者對人生物象的體認與禪機的參悟，蘇軾、文同、米芾、米友仁、梁楷、牧谿爲代表，在宋代雖未成爲主派，但對以後元明清三代均有重大影響。

總之，以上各派，要以巨碑派與抒情派先後爲五代北宋與南宋之創造主流，寫意派則亦僅次於上列兩者而有其特別地位。「內省深思，幽沉清雅，超塵出俗而具有哲學式的靜穆」之時代總風格的特徵，亦實以上列三大派爲其塑造者，而三大派除寫意派略涉花果人物而外，又均以山水爲其創造重心，他們在山水畫上的不斷新創造，遂亦使盛行於唐代的金碧派山水潰不成軍，除了北宋時有一個王詵尙能從事金碧山水外，已經沒有任何名家，故金碧山水到五代兩宋時期可說已不能成派。而此一時期內繪畫之盛，派別之多，誠有超越前代而更進一步之勢了。綜而觀之，則自隋至於南宋，前後約七百年間，始終可謂爲中國繪畫之黃金時代，惟在隋唐則爲人物畫之黃金時代，在兩宋則爲山水畫之黃金時代，而五代則爲其轉捩期。

第四章附註

註一：安岐著，墨緣彙觀錄卷三。

註二：Sherman E. Lee 著 A History of Far Eastern Art（1964）書中稱他們的風格爲 The Monumental Style（p. 345). Monument 是巨大的紀念碑之意，西式紀念碑的形狀與荊關李范等人的山頭原還不很相似，但今稱之爲「巨碑派」而此碑若特指中國式的石碑以相比，則有特別洽當之感。

註三：閱李霖燦著，中國畫史研究論集，頁八及十五。

註四：方薰著，山靜居論畫。

註五：見班宗華撰「中國傳統人物畫的遺風與復興之研究」第二節，（Richard Barnhart: Survivals, Revivals, and the Classical Tradition of Chinese Figure Painting, Part II)（中國古畫討論會論文，一九七〇，臺北）。

註六：佩文齋書畫譜，畫部卷八十三。

註七：Sherman E. Lee, op. cit., p. 353.

註八：Michael Sullivan: A Short History of Chinese Art. 1967. p. 192.

註九：參閱安岐前引書同卷及 J. Cahill, "The Art of Southern Sung China" p. 26.

圖六十七　南宋　梁楷　出山釋迦圖

第五章

復古主義與高蹈主義

——元代至明代中葉的繪畫流派與風格

一、時代與風格特徵

元代在蒙古族統治下，將國民分爲四等，對漢族尤其是原南宋的國民頗加壓制。在繪畫方面則廢除了宋代盛極一時的畫院。至於明代，蒙古部族雖遭驅返漠北，而政治之專制有增無減。雖又重立畫院，而對畫院中的畫家也在思想上加强控制，稍不稱旨，就會遭到迫害。初明時畫家盛著，竟因所畫不合明太祖之意而被殺頭，另一個畫家趙原，竟也以應對失旨而被殺，可見一般。

在這樣的條件下，繪畫之發展乃發生兩種傾向：一是復古主義之大盛。這在元代，由於異族入主，畫家追懷舊文化，遂兢兢以宋法爲圭臬，時時以復古爲信念。在明代，則由於統治者之力謀束縛思想，遂又有意的提倡復古，畫院畫家亦以受專制之淫威，惟有墨守舊規，兢兢以求無過。二，相反的，則又有不拘形象的山水畫與「四君子畫」（梅、蘭、竹、菊）的勃興。許多知識份子因爲不願爲統治者服務，采取消極不合作態度，隱居山林，畫以言志，發展出一種不拘形象的山水畫及表示氣節的四君子畫以寄情寓意，抒寫他們那種孤傲清高的思想。與此要求相適應的是追求筆墨情趣和詩書畫三者相結合的風氣日益流行。他們「用筆傳神，非但不重形似，不尙眞實，乃至不講物理，純於筆墨上求神趣，與宋代盛時崇其理而兼求神氣之畫風大異，論者美其名曰文人畫。其初原爲二三士夫藉以寄興鳴高，其後相習成風，人以其簡略易習，遂鄙棄工整濃麗之風，而羣趨於簡逸之路。故以筆墨論畫，元人實能以簡逸之韻，勝前代工麗之作，不失爲繪畫史上以次進步之現象，以畫而推論當時一般畫家之用志，則自原以畫爲遣興者外，皆有近乎偷懶取巧之嫌。」（註一）這兩種風氣，一直影響及於清末民初，惟至晚明，一方面思想出現了李贄、黃宗羲等力倡平等自由，力反專制的思潮，一方面在繪畫界則有董其昌尙南貶北論之完成與徐渭的水墨大寫意花鳥畫的創製，遂使繪畫之發展又進入另一時代。

二、元代（一二七七——一三六七）的繪畫

元代繪畫，題材範圍方面大爲縮小。反映現實生活的風俗畫與人物畫大爲衰落，惟在山水畫方面，則有其特殊的發展。中國繪畫從此以後，主要已不再是職業性的，而成爲文人學士的餘暇活動，繪畫與詩、書相密切結合的作風，則打開了一種新創的局面。

元代初年最重要的畫家是趙孟頫（一二五四－一三二二），他也是復古主義的首倡者，孟頫字子昂，號松雪道人，湖州人。爲宋宗室，仕元爲翰林學士。書畫文辭，均有很高的造詣，從當代的記載，我們得知整個元代的畫家都對他推崇備至。他力主作畫要「貴存古意」，主張人物畫要向唐代學習，山水畫要學董源、巨然。又特別注意繪畫的筆墨情趣，提出「書畫同源」的理論，主張把寫字的筆法用到繪畫中去。現存紐約的「

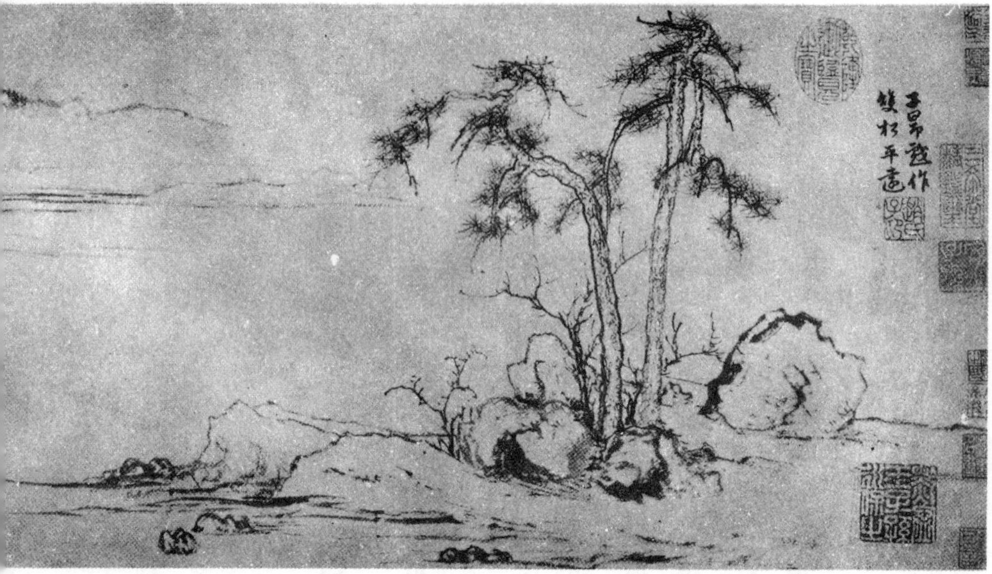

雙松平遠圖」（圖七十）即充分顯示這種傾向，所畫雖爲山水，而畫的主題其實不是山水，而是其筆法。此畫也顯示出他雖然在理論上力倡復古，而自己在畫法上並非拘謹的仿古，而只是擷取古畫的大綱以表現其獨有的線條。他的另一張主要作品「鵲華秋色圖」（圖七十一）雖爲設色作品，亦同樣顯示出一種簡樸清晰的線條的(linear)風格與寧靜和穆的意境。故「其所謂復古者，不專求形似於古人，乃求神合於古人」（註二），此種精神，乃使他成爲「元四家」那不拘形象的新畫風的同道與先驅，但他也確實畫了不少模擬舊傳

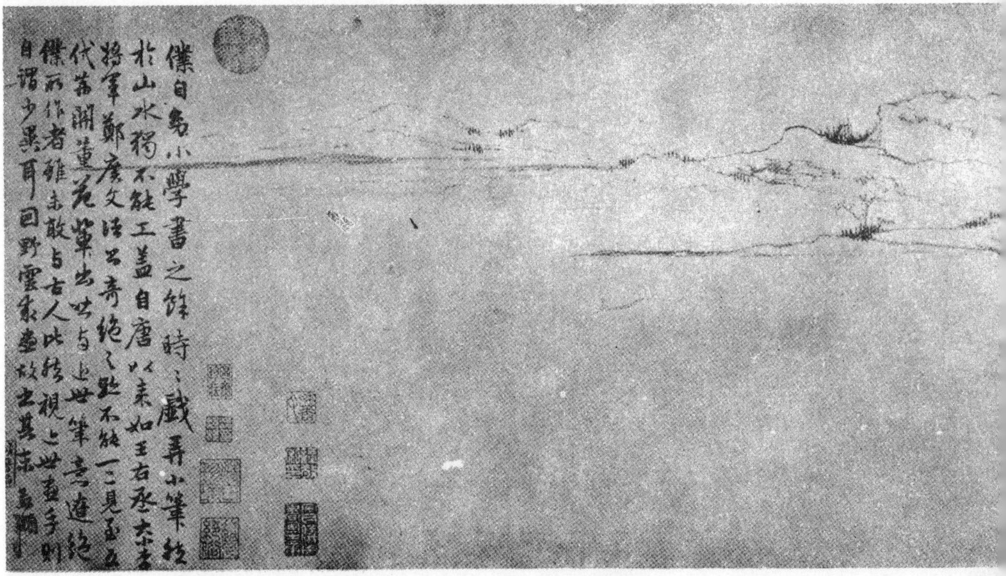

圖七十　　元　趙孟頫　雙松平遠圖

統的作品。所以趙孟頫的畫風，與其人格相同，是雙重的：其人既屈節事仇，又倡導高雅；其畫既仿承舊統，又跨向新潮。

復古派的畫家，主要則有錢選、孫君澤、任仁發與高克恭等人。錢選一生大部分時間生活在南宋，實應列入南宋時代，但一般論著中均把他算作元代畫家。他長於花鳥畫，仿承宋徽宗之工筆唯美風格。孫君澤畫山水，承繼馬遠之風格。任仁發畫馬，學李公麟。高克恭（一二四八—一三一〇）則在復古之中不無新意，他畫山水學米芾而略參以董源李成之格局。克恭原爲西域畏吾兒族人，寄籍山西大同，後居燕京。曾任官於江南，政績很好。現藏

圖七十一　元　趙孟頫　鵲華秋色圖（部分）

臺北故宮博物院的「雲橫秀嶺圖」（圖七十二，彩色五）可能是他最好的作品，其雲的畫法與古不同，極有別出心裁之感。

趙孟頫之後，元代最主要畫家即是所謂的元四家——黃公望、吳鎮、倪瓚與王蒙。他們雖各有特點，但因均性格狷介，對統治者採取消極不合作態度，發揮孤傲清高的思想，畫風上也有共同的「超形象」的特質，故也可合稱之爲高蹈派。也就是後來的南宗畫派。他們這種畫，歷來又稱之爲文人畫。四人之中，黃公望誕生最早，享壽最高，繪畫上的影響也最大。

黃公望（一二六九—一三五四），字

圖七十二　元　高克恭　雲橫秀嶺圖

子久，號大癡，又號一峰道人，江蘇常熟人。出身貧苦，曾做過小官，但因爲人正直，關心民間疾苦，終於遭到統治階級的迫害，坐了好幾年牢。到了晚年，五十歲左右，才開始繪畫。在創作其最著名的代表作「富春山居圖」（圖七十三）時，已近八十歲了，得暇乃畫數筆，畫了好幾年才完成，此畫既告完成，他也就溘然長逝。可見確是他嘔盡心血的最後傑作。「富春山居圖」爲一長卷，畫浙江富春江一帶景色，高一尺餘，長約二丈左右，所寫富春兩岸峰巒樹木似初秋景色，幾十個峰巒，一峰一狀，數十株樹木，一樹一姿，變化

圖七十三　元　黃公望　富春山居圖（部分）

多端，秀潤無比。山間江畔，有村落、亭臺、小橋、漁舟、飛泉、茂林，用筆簡練，神韻超逸，創造了一種雅潔淡逸的風格。其筆墨顯示一種比宋代諸山水大師的作品轉趨抽象而眞正「平淡天眞」的新風格，對以後水墨山水的發展有很大影響。

從歷代著錄中，可知凡見此畫者，無不歎爲觀止。但此畫曾不幸受到兩次災難，一是在明末時，此畫落入一個名叫吳洪裕的收藏家手中，此人由於太愛此畫，竟在臨死時要將此畫「焚以爲殉」，當時已經送入了火爐，幸虧他的侄兒不忍名作成灰，搶救了出來，但却已經燒掉了一截，從此這畫就分成了前後兩段。前段較短，現存上海，後段較長，現存臺北故宮博物院。而後段因當時進入清宮，竟又遭一劫：被附庸風雅而藝術水準很差的乾隆帝妄指爲僞作，命臣下題了一大段貶語于畫上，眞是可笑又復可惜。此外，子久並創始了「淺絳山水」，又叫「赭墨山水」，即是在水墨的基礎上薄施赭色。其另一幅主要作品「江山勝覽圖」即用此法，亦爲後代許多畫家所仿效。至晚明以後其畫風更成爲山水畫的所謂正統典型，勢力之大，至於民國初年而未已。

吳鎭（一二八〇——一三五四），字仲圭，號梅花道人，又號梅道人，浙江嘉興人。一生隱居不仕，其畫師巨然而有所發展，也長於作詩及寫字。其作品到他晚年才漸受世人重視，現存臺北故宮博物院之「淸江春晚圖」與「秋江漁隱圖」等幅均可見出受巨然影響而向不拘形象的方向發展的傾向，山水外並善墨竹（圖七十四），繼宋代之文同，蘇軾而與李衎同爲元代之畫竹名家。

倪瓚（一三〇一——一三七四），字元鎭，號雲林，江蘇無錫人。家境本富裕，晚年當元朝末世，感天下將亂，盡散家財，混跡於太湖之上。他同時也是詩人，且以潔癖著

圖七十四　　元　吳鎮　風竹

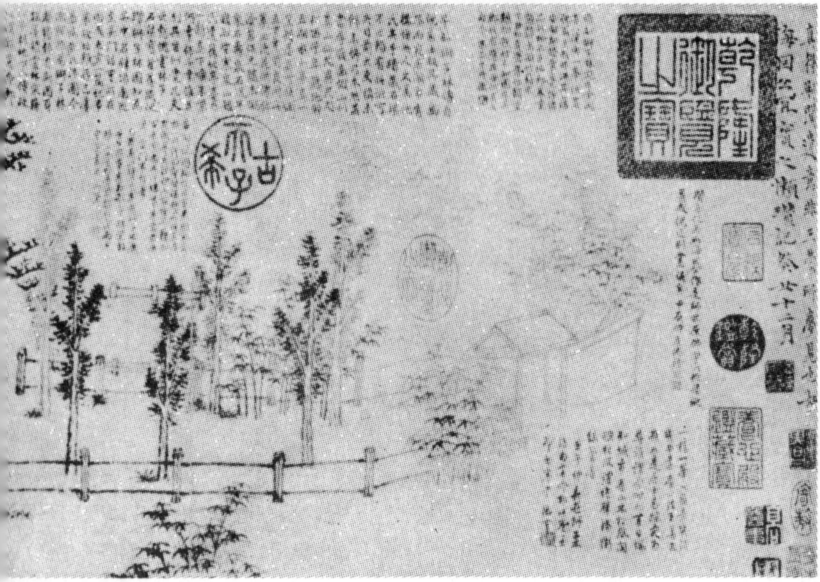

名於世。（註三）畫山水佈置極其單純，樹石寥落，房屋稀少，人跡絕無。筆觸透明而有空靈之趣，造成幽澹清遠的意境，但亦乏豐富變化之妙，現存主要作品有「獅子林圖」（圖七十五）、「雨後空林圖」、「江亭山色圖」等。其聲譽在明清兩代達到無比崇高的地位，有許許多多的畫家仿傚他這種簡淡的筆法與構圖。他也好畫竹，但與文同、李衎、吳鎭均不相同的是他的竹子往往很不像竹子，乃是極爲不拘形象的「抒胸中逸氣」而已（圖七十六）。「獅子林圖」是其晚年力作（獅子林在蘇州城東，至今尙存，爲蘇州名勝，因其中假山石

圖七十五　元　倪瓚　獅子林圖

形峥嶸如獅子，故稱獅子林），全圖用十分簡逸的筆調，疏散瀟洒的構成。整張圖沒有任何焦點的存在，也看不出有安排任何一個焦點的企圖，任何透視法不能應用在這上面。其所繪畫屋舍也與其前代的畫家那種堅固可住的建築大不相同，而極盡簡陋之能事。總之，他的作風顯示出中國繪畫之轉向脫離寫實而趨於抽象傾向之更進一步。他與黃公望並均信仰道教，故其作風亦充分說明了道家退隱思想的影響。

王蒙（一三〇九—一三八五），字叔明，湖州人，是趙孟頫的外孫。在「元四家」中是最年輕的一個，元末避亂隱居黃

圖七十六　元　倪瓚　小山竹樹

圖七十七　元　王蒙　具區林屋圖

鶴山，因此自號黃鶴山樵。明洪武初，曾出任泰安知府廳事，後因曾經到胡惟庸家看畫，到胡惟庸謀反案發生時，竟被牽連入獄而死。他的畫風，與倪瓚之簡逸正好相反，是十分的繁複，其構圖與筆法往往均十分奇特，例如其「具區林屋圖」（圖七十七）全畫不見天空，山頭也看不到，而以石壁佈滿整個畫幅的上半部，下半部則亦以樹、石及魚鱗狀之水波畫滿，石壁間又有樹木及房屋多處，並設以相當强的色彩，遂使全幅布景皆滿。這在他之前是從來不曾有過的畫法。其另一幅「谿山高逸圖」也有異曲同工之妙，惟在上半之岩石間留有一線洞天。其他如「深林叠嶂圖」等每一幅作品，雖然留出一些天空，也無不極盡茂密之能事，與倪瓚眞是極强的對比。他的山水中也總畫入幾個人物，與倪瓚之不見人跡也正相反。

元代以前畫山水多用絹素，故多濕筆，及至「元四家」，山水純用紙畫，乃不得不改用乾筆，他們建立了水墨渲淡與淺絳著色之一派而成爲明清數百年之宗主，但「此種渴筆皴擦，淡墨渲染之畫法，在初創者未始不簡淡高逸，蒼茫深秀，有骨肉勻停，筆墨渾融之妙，及後畫壇成爲專尙，反以濕筆爲俗工而不屑一顧，於是筆乾墨枯，有骨無肉

圖七十八　元　曹知白　雙松圖

薄弱已甚，甚弊有不可勝言者，豈為元四家所及料哉！」（註四）

風格在復古派與高蹈派之間者，尚有曹知白與李衎兩個主要畫家，曹知白（一二七二——一三五五）華亭人，善畫松樹，構圖往往仿李成（圖七十八），而有時能顯出若干獨自的面目。李衎、字仲賓，號息齋道人，河北薊丘人，官至吏部尚書，與高克恭是朋友，也是元代著名畫家中除了高克恭外的惟一北方人。但他的繪畫還是因曾到浙江去作官而得到影響，他專以畫竹著名，他的竹子濃淡層次很多（圖七十九），實為前所未有。

元代的「四君子」畫，除了李衎、吳鎮、倪瓚的墨竹以外，有王冕的墨梅、鄭所南的墨蘭，著名於世。王冕（一二八七——一三五八），字元章，浙江諸暨人，幼年貧困，為人牧羊。少年時一度熱衷功名，曾研究兵法，並參加進士考試，但沒有考中，加以政治的腐敗現實，很快就破滅了他的改進社會的幻想。遂遊歷山川，專心藝術。他去世之前，正逢朱元璋進兵到他家鄉，被朱元璋「物色得之，置幕府，授諮議參軍」，他勸以不可亂殺人，結果一夕暴卒。（註五）他生平特愛畫梅（圖八十），並寫過一篇《梅先生傳》以描寫梅的高潔，兼以自況。鄭所南，名思肖，生於南宋末年，宋亡後隱居

圖七十九　　元　李衎　墨竹

圖一二三　　清　王著　擬鄭所南畫蘭

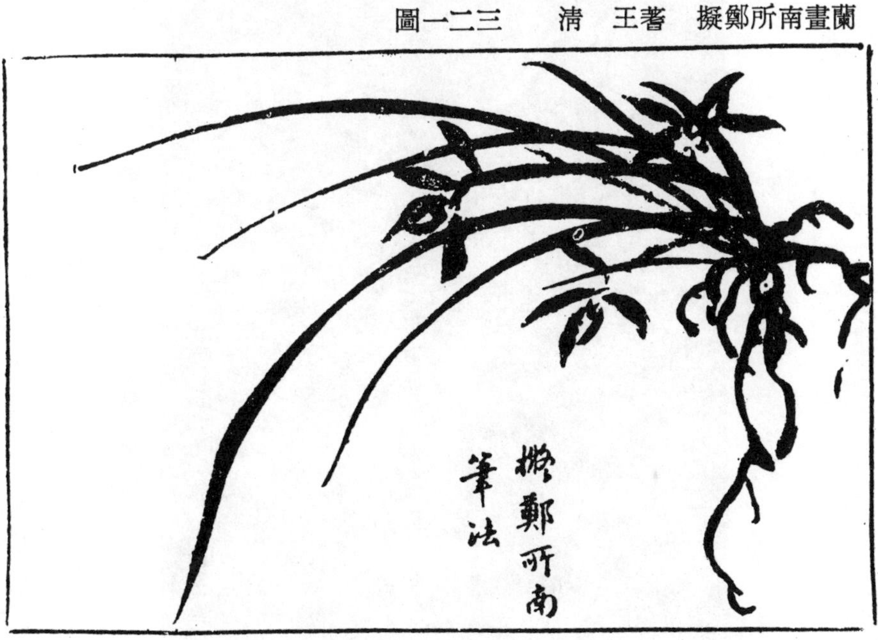

圖八十　元　王冕　墨梅

吳下，相傳其所作蘭，均露根無土，以示亡國之痛云。他的畫現已很難找到。（參看圖一二三）王冕與鄭所南，當然無疑也是要歸入於高蹈派的。

按墨梅的創始，首推北宋的崔白；墨蘭的創始則據說要推源於北宋末年的華光長老釋仲仁，仲仁並以發揚崔白的墨梅畫法稱著，但已無畫跡。華光的學生楊補之，也以善畫梅蘭聞名。在元代，則「梅道人」吳鎭當然也是愛畫梅的，不過他的梅花不如他的竹子更出名。至於菊花，雖與梅、蘭、竹合稱「四君子」，但專畫菊的名家在元代還沒有。

元代在反映現實生活的人物畫與風俗畫方面，十分衰落，無一可述之人。惟民間畫工從事之壁畫藝術，尙有若干成就，現在除了敦煌安西楡林窟保有元代壁畫外，北方的一些古廟中還有一些遺跡，例如山西洪趙縣的廣勝寺與山西永濟縣的永樂宮（圖八十一），都留有傑出的作品，足以說明元代民間藝人的高度成就。

三、明代前葉（一三六八——一四四九）的繪畫

明代自建立至英宗被俘的八十餘年間，比之元代的八十餘年，畫壇相當寥落。尤在

圖八十一　元　山西永濟縣永樂宮壁畫（摹寫）

其開國時代洪武至永樂的五十餘年，由於專制淫威的變本加厲，對畫家的迫害亦十分嚴重，繪畫更是衰微，只有保守主義的畫風綿延一線。惟所保守者除元代復古派所持的舊傳統外亦加上元代高蹈派所倡的新傳統，較可一述的畫家，有徐賁與王紱兩人而已。

徐賁，字幼文，蜀人而居住蘇州，生卒年不詳，從事繪畫活動於洪武年間。畫山水受王蒙的影響，略有獨特的安排，傳世作品有現存美國的「溪山圖」及現存臺北故宮博物院的「蜀山圖」等。王紱（一三六二—一四一六），字孟端，無錫人。他不幸在十九歲時因受到牽連而被明太祖朱元璋充軍到山西大同的一個小小衛所中充當戍卒，一直過了二十年到這位暴君死後才得釋囘，長期的僻處邊荒，使他缺乏培養的藝術的條件，釋囘以後雖不斷努力，未能有很大的成就。他與其同鄉前輩倪瓚同樣好畫竹石，風格亦追隨倪瓚，又畫山水則師王蒙。

到明宣宗時，由於宣宗本人深好繪畫，畫壇逐漸呈蓬勃之氣。這時花鳥畫又興盛起來了，主要花鳥畫家爲邊文進與明宣宗朱瞻基，他們都是承襲宋代工筆花鳥畫之舊傳統。邊文進，字景昭，沙縣人。永樂年間入畫院，爲明院派花鳥之先河，現存有「喜鵲圖

圖八十二　明　宣宗（朱瞻基）　雙犬圖

」、「春花三喜圖」等多幅。明宣宗朱瞻基（一三九九—一四三五），自號長春眞人，兼長山水人物花卉，而尤善畫工筆動物。其筆法是傳統的，但構圖布局方面則往往能自成新格。中國皇帝之長於藝術者，如唐玄宗長於音樂、李後主長於文學、宋徽宗長於繪畫，而在政治上均大大失敗。惟獨明宣宗能在藝術、政治與武功三方面均有成就，實屬難能可貴，他也是明朝比較最像樣的皇帝。其繪畫作品留存下來的有「三陽開泰圖」、「戲猿圖」、「花下貍奴圖」等多幅，描繪細緻，神態生動，足爲中國動物畫之一代高手，其現存美國福格美術館的「雙犬圖」（圖八十二）中的獵犬，似更爲以往中國畫中從未出現之物。

山水畫方面，所謂浙派的開創者戴進，亦在宣宗時出現。浙派以宋代抒情派之馬、夏畫風爲尚而更爲勁拔，意氣壯烈，頗可與西洋十九世紀前葉的浪漫派(Romanticism)相比擬。以開創者戴進爲浙江錢塘人，故稱浙派。戴進（一三八八—一四六二），字文進，明宣宗時供職畫院，受到院中其他畫家的妬忌。當他呈上一張秋江獨釣圖，圖中一人着紅袍垂釣於水濱，就被人在宣宗面前中傷，說紅袍爲大臣的禮服，「用以釣魚，大失體矣」，竟因此去職。後半生十分窮困，潦倒而死。其所作山水，往往長達數丈，如現存美國克利夫蘭美術博物館的「長江萬里圖」（圖八十三），長達三十八英尺半。從這圖中可以清楚的看到夏珪的影響。其他現存著名作品尚有藏於臺北故宮博物院的「春遊晚歸圖」、「溪橋策蹇圖」、「春酣圖」與「長林五鹿圖」等，均用筆恣肆，墨法活潑。「春遊晚歸圖」的風味則極近於馬遠。日本室町時代（一三九二—一五七三）的名畫家雪舟（一四二〇—一五〇六），其畫風亦承馬夏而更加剛烈，可說與戴進更爲接近，雪舟於一四六八年（成化四年）來華居留了一年，時正當戴進去世未久，我們有理由

圖八十三　明　戴進　長江萬里圖（部分）

相信戴進的作品必然給了他相當影響。

此外，不大出名的石銳，爲宣宗畫院中畫家之留有畫跡者。石銳，字以明，也是浙江錢塘人，生活年代亦約與戴進同時。宣宗時爲仁智殿待詔，善畫金碧山水樓臺人物，承襲唐代李昭道之風格。現在日本存有其「青綠山水圖卷」（圖八十四）傅色鮮明，勾勒濃重，裝飾味很強，有典麗豪華之趣，若從董其昌之說，以唐代李氏父子爲所謂「北宗」之代表，則石銳可謂是典型的「北宗」傳統，這種風格與承繼馬夏的戴進是大不相同的。

圖八十四　明　石銳　青綠山水畫卷（部分）

四、明代中葉（一四五〇——一五七二）的繪畫（註六）

明代中葉，政治上的專制雖無改變，而自明景帝在愛國政治家于謙的輔翼下再度穩定國基後，全國有較長時期的統一，經濟方面亦稱安定，可謂小康局面，皇帝中之景帝朱祁鈺、憲宗朱見深、孝宗朱祐樘等亦均善畫，對畫家亦較初明時爲優待，繪畫藝術方面遂亦比初明時期爲繁榮。其發展以山水爲主，傳統的說法分爲三大派別，即是：浙派、吳派與院派，但亦均以復古爲標榜。

浙派自戴進以後，一時風從者很多，主要畫家，尙有吳偉與杜堇。吳偉（一四五九——一五〇八），字英士，江夏人，幼年十分窮困，曾作過佣工。後來畫名大著，於憲宗時爲畫院待詔，孝宗時賜以「畫狀元」之榮銜。他性好飲酒，浪漫不羈。其畫山水樹石，好作斧劈皴，極爲遒勁，用墨層次井井，氣魄雄偉。臺北故宮博物院存有其「寒山積雪圖」等作品。他在人物畫方面亦有很高的造詣，王世貞指其人物畫實遠承吳道子之風，說：「吳偉畫人物出自吳道子，縱筆不甚經意，而奇逸瀟洒動人。」（註七）從現存的「玉缸春酒圖」（圖八十五）看來，確實瀟洒有神韻。杜堇（一四六五——一五三七？

圖八十五　明　吳偉　玉缸春酒圖

），字憪南，丹徒人。其所作現存美國克利夫蘭美術博物館的「林逋陪月閒行圖」（圖八十六），完全是馬夏式的筆法，與浙派之特點，但臺北故宮博物院中的「玩古圖」則並非浙派作風，而乃採襲宋代工筆派的趙伯駒等人的畫法。

這時，還有一個很有原創力的浪漫畫家，在當時與吳偉、杜堇齊名，也常被人將他們相提並論，而其畫風則另有一格者，他就是生前曾享盛名，歿後一度被人忽略，而近

圖八十六　明　杜堇　林逋陪月閒行圖

來又再度受到世人注意的郭詡，郭詡（一四五六—一五二八以後）字仁弘，自號清狂，江西泰和人，少年時曾從事學官弟子業，未幾棄去，獻身繪畫，兼長山水人物花鳥，而均以極度瀟洒簡逸的筆墨出之，他遍歷名山，說「豈必譜也，畫在是矣！」可見他是如何從自然中吸取靈感而厭棄煩瑣的摹寫。而他的人格也與其畫風一樣，都正可以其自號的「清狂」兩字來形容，據記載，當權貴之人欲得其畫而他不想給的時候，他就昂頭數屋樑而不予答理，若繼續要求，就大叫大跳的出門而去，他的山水，例如現藏美國底

圖八十八　明　郭詡　山水

特律美術館的一幅長卷（圖八十八），如此大膽，簡練而充溢着無限浪漫的神韻，眞是十分合乎「清狂」兩字的特色，他的人物畫，現有「東山攜妓圖」存於臺北故宮博物院，（圖八十七）畫東晉貴族政治家謝安攜美遨遊的瀟洒風姿，其筆意顯然與吳道子的「送子天王圖」有相當的連繫。吳道子的風格在元代及初明達到極度沒落以後，此時在郭詡與吳偉的筆下，又得到了灌以新精神的再生。郭詡的花鳥畫也有若干小品傳世，筆墨亦極奔放縱橫之能事。

吳派以追慕元代高蹈派之「元四家」爲主要法門，其作家多爲吳人，故稱吳派。明初已有不少此派畫家，至沈周、文徵明出而爲吳派之代表大師，加上他們的許多學生及再傳學生，遂成爲一龐大的畫派，在當時與浙派對壘。沈周（一四二七—一五〇九），字啓南，號石田，五十八歲起又稱白石翁，江蘇長洲人，他是吳派畫家的領袖，他的畫風與人品也都可說是中國文人畫家的典型。他的祖宗三代都是畫

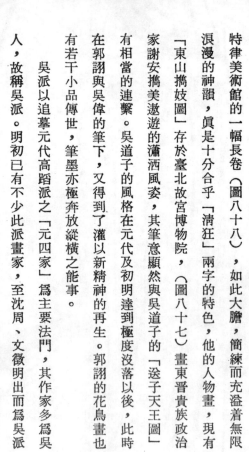

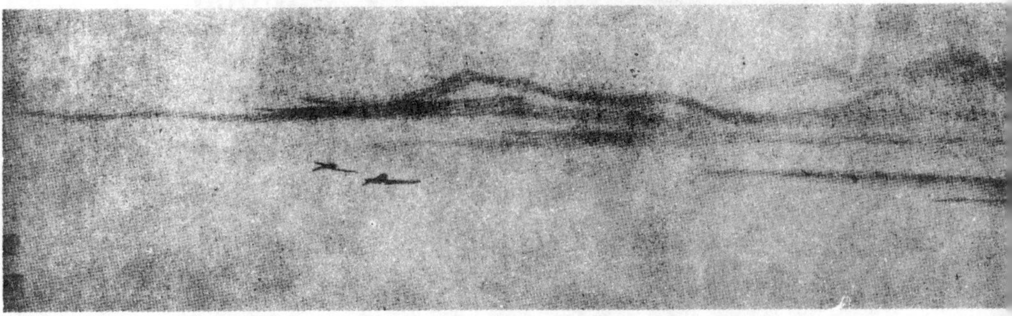

家，其曾祖爲王蒙的好朋友。他姿容娟秀，從小聰明絕人，畢生隱居不仕，以孝悌聞於鄉里，性情和易，胸襟廓落。生平好游而所游不出江浙兩省，每到一處必寫眞景爲山水，並賦詩以紀事。他對元四家傾力鑽研，收藏四家畫跡很多。他的重要巨幅作品「廬山高」一圖（圖八十九）顯示出王蒙的强烈影響，這是他四十一歲時的作品，現存臺北故宮博物院，另外如「策杖圖」則學倪瓚；現藏美國波士頓美術博物館的「山水册頁」一組八葉，則顯出追隨黃公望的傾向；晚年更醉心於吳鎭，如「蒼崖高話圖」卽顯然取法於吳鎭，其風格雅澹中別有蒼莽之氣，而若與院派的唐寅、仇英相對比，則我們可以發現，唐寅與仇英的繪畫中有一種面的組合關係，而沈周繪畫中的結構與量感却只是靠筆觸本身來達成，例如其虎邱四景（圖九十）卽充分表現出了他那有力而高妙的筆觸。元四家與其他吳派畫家也大都以筆觸取勝，這種專重筆觸的性質後來被認爲是中國繪畫的最重要特質，此也就

圖八十九　明　沈周　廬山高

圖九十　　明　沈周　虎邱四景之一

是何以元四家與沈周獲得了崇高的偶像地位的原因所在（註八）。在西洋，一直到十九世紀末年時，才有此種重視筆觸的醒覺。（註九）

文徵明（一四七〇—一五五九）別號衡山居士，也是長洲人，是沈周的學生。他的兒子文彭、文嘉、姪兒文伯仁等也都是畫家，但也都比不上他，他五十四歲時被推薦赴北京任翰林院待詔，參加修史工作，在職三年，堅辭回鄉，以後就一直住在蘇州過着藝術家的生活，他與沈周一樣，除畫外，詩，文，書法亦均擅長，他最著名的代表作當推現藏夏威夷火努魯魯美術院的「七檜圖卷」及臺北故宮博物院所藏那幅「古木寒泉圖」，在這兩幅圖中，他都已脫出沈周，甚至元四家的範圍而具有了高度的獨創。「古木寒泉圖」（圖九十一）畫一松一柏，相傍而生，柏樹老幹紛披，椏枝四出，松樹參雲直上，兩幹並伸，背景更添石壁，濃密緊迫之至，而忽於絕高處界出飛泉一道，直掛而下，遂使通幅緊迫中遽爾空靈，構圖極有創意。「七檜圖」（圖九十二）則爲一長卷，在全空白的背景上畫七株老檜的枝椏，以虬龍似的交錯盤旋構成綿延十二英尺的全圖，這是從當時的造園藝術的現實中得到的觀照，但又並非僅僅是寫生，而如他在此畫跋文中所指，乃同時是對天上七星的象徵，而表現他對於宇宙精神的感應。全圖極盡變化複雜之能事，顯示出高度創造性的風格。

院派的畫家以周臣、唐寅與仇英爲主要代表，此派在技巧上爲傳統許多流派的綜合者，舊說以爲他們是承襲李唐與劉松年，實在他們是南宋抒情派（馬、夏）與北宋巨碑派（荆、關、李、范等人）的綜合，亦又採納若干工筆派的優點，他們又均兼擅金碧山水。周臣（約一四六〇—一五三五），字舜卿，號東邨，江蘇吳縣人，唐寅與仇英都曾

圖九十一　明　文徵明　古木寒泉圖

圖九十二　明　文徵明　七檜圖

作過他的學生，其現存克利夫蘭美術博物館的「桃花源圖」（圖九十三），就具有董巨式的山頭形象，馬夏式的樹石，與相當工細的構圖與線條。

唐寅（一四七〇—一五二三）就是唐伯虎，又字子畏，號六如居士，吳縣人，曾從學於周臣而大大的超過了他。他廿九歲時應鄉試，中式應天府第一名解元，但三十歲時上北京會試，却不幸牽連到科場弊案而連累入獄，經此打擊，出獄回家後，遂放蕩不羈，專心藝術以終其生，他對於宋代李成、范寬、馬遠、夏圭，以及元代王蒙、黃子久的各家畫法，均有研究。

圖九十三　明　周臣　桃花源圖

圖九十四　明　唐寅　山路松聲圖

其作品「畫法沈鬱，風骨奇峭，刋落庸瑣，務求濃厚」。與仇英及吳派的沈周、文徵明並被被推為明代四大家，也就是所謂的「明四家」。他於山水畫外，並兼長人物仕女，其作品現尚有數十幅存於臺北故宮博物院，其中最著名的如「山路松聲圖」（圖九十四），也是具有巨碑式的山頭與馬夏式的石塊，惟「巨碑」不在畫面正中，而偏在左方，右邊顯出石筍般的層層遠峰，畫面中央三松盤紆，鬱結如虬龍飛舞，於後飛泉直瀉而下，忽又折為數疊，宛轉分馳，飛泉上有危橋，橋上有人，悠然凝望，水光人影，濛濛然使人如沾其潤，如聞其聲，如見其色。全圖結構緊湊，氣勢雄偉，設色壯麗，用筆有力，確能綜合巨碑派、抒情派與工筆派三者之優點。若是浙派可比西洋的浪漫派，則院派似乎可比新古典派（Neoclassicism）但唐寅的畫風又不僅限於一種，例如有些他的花鳥畫竟完全是寫意派的作風了。

仇英，字實父，號十洲，生卒年不詳。其作品見於明正德四年至嘉靖三十一年（一五〇九——一五五二）間，少年曾作漆工，特別長於畫金碧山水，直追唐代李思訓、李昭道父子而更為精麗，又能兼師李成，趙伯駒諸人之長，熔於一爐，造成自己的風格。近

圖九十五　明　仇英　光武渡江圖（彩色七）

百年來，仇英更揚名歐美，深獲西洋人士之推重愛好。其最著名的作品要推現藏加拿大國立美術館的「光武渡江圖」（圖九十五，彩色七）。此圖爲一大立軸，山頭結構與李昭道「春山行旅圖」有所相近而有立體化之發展，遠景、中景與近景很是分明。樹木、樓閣、人物、馬匹、水波均極其精細有力，一筆不苟。用色濃重鮮豔，富麗非凡，頗可與西洋新古典派的達偉（David）相比較。日本桃山時代（一五七三—一六一五）的金碧屏風畫當亦受其影響。

綜觀「明四家」的風格，比較起來，沈周溫厚而淳樸，文徵明深秀而簡勁，唐寅豪放而幽奇，仇英精練而富麗。

此外，花鳥畫在明代中葉，則有呂紀與陳淳爲名手。呂紀，字廷振（一四七七—?），於弘治年間供職於御用監，其花鳥畫繼初明的邊文進與朱瞻基，同屬工筆唯美作風，而更爲精麗，寫生功夫更爲工緻，可說達到了宮廷畫家唯美風格的高峯，現存作品有藏於臺北故宮博物院的「杏花孔雀」等多幅。陳淳（一四八三—一五四四），字道復，號白陽山人，曾作過文徵明的學生。他的花鳥畫，也是與「南宗」山水同調的文人畫。

五、結論

本時期之繪畫，以復古與高蹈爲時代精神之兩條主線，風格上有不少是前代各流派之繼承，但仍有自創的新發展，綜而言之，可分爲下列數流：

㈠元代復古派與明初保守主義畫家，其同共精神爲臨摹古人，但風格上係分別追摹不同流派之古人，其本身不能成一系，他們復古而守成，較少創造性。

㈡元代高蹈派與明代吳派，前後相承，實屬一派，亦卽後來所謂的「南宗畫」，又稱「文人畫」。南宗之名創自晚明董其昌，他拉出王維爲祖，其實則以元四家及明代吳派爲本體，元四家以高蹈隱逸展開了超形象的新風氣，吳派畫家極力追隨，發揚雅潔淡逸的格調，造成了中國繪畫近六百年來的所謂「正統」畫風。

㈢明代浙派爲宋代抒情派之繼承而略有發展，同屬一個流系，他們承古而擴充，發揚剛勁雄健之氣勢。

㈣郭詡的畫，極盡簡練洒脫之能事，他的山水畫實復活了南宋牧谿等人那種任意揮洒的寫意精神而又參合了强烈的浪漫情調，可謂寫意派與抒情派風格的結合。郭詡與吳偉的人物畫則發揮了吳道子神韻派的風采。

(五)明代院派實並非當時畫院的代表風格；畫院中的風格是石銳等所繼承的金碧派山水，與邊文進呂紀所代表的唯美派花鳥畫。而院派之周臣、唐寅與仇英則以綜合宋代巨碑派與抒情派之風格，並採納工筆派之技術而集大成者之一種新古典派，可稱爲學院派，他們集古而改編，與南宗畫同爲本時期的新興畫派。

第五章附註

註一：鄭昶著中國畫學全史，頁三三〇。

註二：同前書，頁三三七。

註三：據鄭振鐸「插圖本中國文學史」所述，倪雲林最後是被朱元璋害死的，朱元璋知倪雲林有潔癖，就把他投於廁中以死云。朱元璋在同年也殺了著名詩人高啓。

註四：俞劍華著中國繪畫史，下册頁十四。

註五：見「明史」卷二八五。或據王冕同時人張辰所撰王冕傳，說他是被朱元璋派遣攻打方國珍的將領胡大海派兵來抬了去，歸來即死，不是死在朱元璋的軍中。但朱元璋派兵攻方國珍是至元十八年（一三五八）事，而張傳寫爲二十六年（一三六六），故至少年份應改。「明史」所據爲宋濂所撰王冕傳，宋濂亦與王冕同時人。又「新元史」指稱「授以參軍，未就而卒」，「明史」則稱「授諮議參軍，一夕病卒」。所以官是強授給他的，而他當天晚上就死了。如果朱元璋沒強給他這官銜，「明史」應不宜把他列入，因爲無論根據那一種年份的說法，他都死在明朝建立以前。

註六：對於明代初、中、晚三期的劃分，是以英宗被俘、于謙輔政開始作爲初明與中明的分界，以穆宗去世、張居正輔政開始作爲中明與晚明的分界。

註七：見佩文齋書畫譜卷五十六。

註八：明嘉靖間蘇州王穉登著「國朝吳郡丹青志」，共列蘇州名畫家二十五人，沈周列爲神品，名居第一，可見當時社會對他的評價。

註九：Sherman Lee 在其 Chinese Landscape Painting 一書中以沈周虎邱四景圖與梵谷（Van Gogh）的鋼筆畫相比擬（p.p. 67-69）。就梵谷對筆觸的強調看，不仿取以比觀。但以他們兩人的作品的情調來看，則絕不相侔，是不能比擬的。

第六章

典型主義與個性主義

——晚明及清代的繪畫流派與風格

一、晚明（一五七三——一六四四）的繪畫

元明以來繪畫藝術的發展，至董其昌（一五五五——一六三六）出現而發生了劃時代的影響，他一方面是繪畫發展上的革命者，一方面也是繪畫發展上的大反動者：他一面力主模古，成爲扼阻創造的主力，一面又對許多他個人偏好上不喜歡的古代大師力加摒斥，提出了有名的「尚南貶北論」，即是將以往的中國繪畫斷然的分爲南北兩宗，凡他所欣賞的畫家則列爲南宗，凡他所不欣賞的畫家則列爲北宗，而革了他們的命。南北兩

宗之分，旣無地理上的因素，亦無風格上的必然關係，李思訓與馬遠、夏圭，風格上有相當的不同，又均有極其傑出的造詣，而董其昌則將他們均歸爲北宗一派而排斥之；王維與董源、巨然、二米及元四家，風格上各有差異，而董其昌又將他們一概歸爲南宗一派而力加讚美，至於李思訓等人的所謂「北宗」何以不好呢？只不過說：「李派粗硬無士人氣」（註一）又籠統的說：「馬、夏及李唐、劉松年，又是大李將軍之派，非吾曹當學也。」（註二）他處處以「士大夫畫」爲標榜，以典型主義爲天下倡。由於他身任大官，當時卽發生很大的影響，隨後又有王時敏、王原祁等從政畫家繼其傳統，遂使這種思想觀念籠罩了整個晚明及清代，成爲繪畫界的「正統」作風，是卽所謂南宗畫派。又由於其所承接者爲明代中葉以沈周、文徵明爲首的吳派，故也有人將董其昌以下迄於清末的南宗或正統派這一條發展線，全部均稱之爲吳派的。

董其昌，字玄宰，江蘇華亭人。由進士官至禮部尙書，加太子太保。諡文敏。他所倡導的南宗畫派以禪道爲其思想基礎，所以處處以「淡」、「雅」、「簡」、「靜」爲追求目標，但他自己的生活則並不與其言論符合，史稱他「家多姬侍」，可見是相當奢華的；他的繪畫理論是要結合五代北宋巨碑派的力感與元四家書畫合一的特性，但他的繪畫作品，例如可以顯示其典型風格的「秋山圖」（圖九十六），（現藏美國克利夫蘭美術博物館），顯示的則是對於自然的外在眞實感的喪失，而現出一種對於山水畫素材的任意的再組合，地面與水面都歪曲的任意升降，樹木的分佈也形成一個無深度的平面，他的畫裡也沒有細節的描寫，與北宋的傳統實在是大不相同，北宋巨碑派那種雄偉的氣勢在他的作品中實在是找不到的，這在他「臨范寬谿山行旅圖」（圖四十四） 中更可顯出，范寬那剛古雄偉的氣勢，在他很細心的臨摹下，却是失了縱影，代替的是一種秀媚清雅的面目，外貌儘管十分形似，神韻則已完全異趣。所以，他的繪畫作品與他的繪畫理論事實上也是不相合的；在繪畫理論上他是排斥創造的反動派，而在繪畫作品中他又是托古改制的革命者，他的尙南貶北的摹古論，對晚明至清代的「正統」畫家發生統治性的大影響，而他實際上自我作古的畫風，對晚明及清代的個性主義畫家也未嘗不起了一部份作用。他以鼓吹吳派，打擊浙派與院派爲目的，而遠托畫風複雜的王維爲南宗之祖，又拉出李思訓來作爲風格距離很大的金碧派與抒情派之共祖，以巧妙的手段抹

圖九十六　明　董其昌　秋山圖

殺後者的價值，致於一世風從，影響後代達四百餘年。由之他也可說是一個以僞造繪畫史而得到大成功的革命家。

接受董其昌領導的晚明山水畫家們，人數很多，即成爲所謂的南宗畫派，他們由於崇南貶北的論調，對盛行於明代中葉而被列入北宗系統的浙派和院派都斥爲野狐禪，畫風日趨於柔和細膩與蕭疏古拙方面發展。結果不是失之文弱，便是過於枯乾，表面上人人自稱以宋元爲師，出入董（源）巨（然），骨子裡只是拾董其昌及其老師文徵明等人的餘唾而已，所以南宗畫的眞正大師是在其名稱未定以前的黃、倪、沈、文等人，及名稱既定，取得了「正統」地位之後，乃僵化而爲一種固定模式，晚明時盛極一時，而主要畫家仍惟董其昌一人而已。而在董其昌的影響下，狹隘的摹古風氣也日益嚴重了起來，終至生氣索然，積弊之下，至於淸中葉以降，竟至大部分之所謂「國畫」成爲「腐朽」之同義字，推原「禍首」，董其昌實在不能辭其咎。

這時在南宗畫派以外的山水畫家，則主要有藍瑛與吳彬。藍瑛（一五八五—一六六五）字田叔，又字蝶叟，浙江錢塘人。他有不少作品用筆強硬豪邁，極近戴進、吳偉的作風，所以一向稱之爲浙派的最後大師，但也有著色濃重極近仇英的；而同時亦與吳派畫家一樣相當醉心於元四家的風韻，現藏美國西雅圖美術館的「仿董源、黃子久、王蒙、吳鎭四大家山水卷」（圖九十七）卽是很好的見證，只不過他不是一面倒的專崇元四家，長期以來竟頗受南宗派及淸代正統派畫家所攻擊，至於以爲不入鑑賞。淸末以後始漸得到公平的評價。吳彬（一五七三—一六二〇），字文仲，福建人。除畫山水外亦長於人物畫及風俗畫，其代表作有「迎春圖」及「歲華紀勝圖」十二幅。「迎春圖」（圖九十八）現藏美國克利夫蘭美術博院館，爲一長四英尺餘的手卷，山水造形曲折新奇，

圖九十七　明　藍瑛　仿董源黃子久王蒙吳鎭山水卷

並包括無數的樹木、屋宇與數百個人物，色彩的運用也很特別：清淡而豐富，而且整幅塗滿，此畫雖然以山水爲主要素材，而其畫龍點睛之處却在對山水間農家風俗的細緻描寫。「歲華紀勝圖」十二幅現在也很完整的全部保存在臺北故宮博物館，其內容分別描寫：「一月元夜」，「二月鞦韆」，「三月蠶市」，「四月浴佛」，「五月端陽」，「六月結夏」，「七月中元」，「八月玩月」，「九月登高」，「十月閱操」，「十一月賞雪」，及「十二月大儺」（註三）十二項明代社會風俗景象，莫不栩栩如生，令人如臨其景。以此

圖九十八　明　吳彬　迎春圖（部分）

而言，吳彬實可說是自宋代張擇端之後風俗畫方面的稀世名家了，加上五代南唐的趙幹，似可合稱爲中國風俗畫之三大師。

相對於董其昌的典型主義的南宗派，另一條極力反抗束縛的個性主義潮流，却也在同時發軔，也同樣綿延至於清代，我們也可稱他們爲表現派。這在晚明時期首起的先驅則表現在花鳥畫方面，其代表大師卽是徐渭。徐渭（一五二一——一五九三）卽是徐文長，號天池，又號青藤，浙江山陰人。他不但是明代最傑出的水墨寫意花鳥畫家，也是有名的文學家。他少年時胸懷大志，不僅鑽研學術，而且研究兵法，探討政治，卅七歲時被當時東南七省軍務總督胡宗憲聘爲幕賓，五年後胡宗憲因勾結嚴嵩被捕，他害怕牽累，以至精神失常，幾度自殺未遂，到四十六歲時，終於因精神錯亂誤殺妻子而被捕下獄，出獄時已五十三歲。十六年間，由幕客到獄囚，使他在思想上經歷了巨大的變化，使他對社會現狀有了較清醒的認識，因而對權貴十分蔑視、敵視，而他一生最有意義的文學與藝術的創作時期，也在出獄後貧病交迫中展開。所以我們就可以理解他在詩、文、戲劇、書、畫作品中所反映的憤世嫉俗、打擊權貴、要求男女平等、冲擊封建禮教等等

圖九十九　明　徐渭　墨葡萄

進步思想，正是他從痛苦多變的生活經歷中認識了社會現實的結果。他在繪畫方面，于當世偏重臨摹，注意學習筆墨技巧的風尚下，敢于革新創造而建立了自己獨特的風格，他的水墨寫意花卉，對於後世發生深遠的影響。其畫潑辣豪放，隨意揮洒，不拘成法，現存「北京故宮博物院」的「墨葡萄」（圖九十九），即可爲其作品的一件代表，畫面上墨汁淋漓，枝葉的縱橫錯落，葡萄的晶瑩欲滴的感覺，都得到了充分的表現。他並喜歡在畫上寫上借題發揮的詩句，例如「墨葡萄」上所題的詩是：「半生落魄已成翁，獨立書齋嘯晚風，筆底明珠無處賣，閒拋閒擲野藤中。」他這種畫法，對半世紀後的石濤，朱耷（八大山人）發生很大的影響，生於他死後一百年的鄭板橋更曾刻過一個「青藤門下走狗」的印章以表示其對徐渭的無限崇敬，其影響一直及於近代的齊白石。在花鳥畫方面，徐渭可說有着革命性的貢獻。

明末還有一個脫出南宗束縛，而畫風又不同於徐渭那麼潑辣的重要獨立畫家，卽是以畫人物爲主的陳洪綬。他復興了消沉已久的顧愷之的風神。陳洪綬（一五九八－一六五二），字章侯，號老蓮，浙江諸暨人。早年曾隨藍瑛學畫，未幾父母相繼去世，其兄恐他分奪家產，故意製造兄弟間的不和，他就讓出所有的家產，毅然出走，來到紹興，從此過着貧困的生活。他以人物畫著名，其畫人物富浪漫氣質而古拙非常（圖一〇〇），在明末清初山水與花鳥畫統治着整個畫壇，人物畫極度衰落之際，成爲了中國人物畫發展史上的後勁。明亡以後，他已近晚年，堅持不與清朝統治者合作，並且更加喜歡爲下層人民作畫，特別是畫了許多綉像插圖，通過雕工的刻印，爲廣大的羣衆提供了精神食糧與藝術服務，他的藝術成就中最突出的卽是對版畫藝術的發展上的重要貢獻，其生

圖一〇〇　明　陳洪綬　松下詩人圖

圖一〇一　明　陳洪綬　屈子行吟圖

平所作版畫，數量十分豐富。現尙流傳的有「九歌圖」、「西廂記」、「鴛鴦塚」、「水滸葉子」和「博古葉子」五種。「九歌圖」是他最早的作品，作於十九歲，到一六三八年（崇禎十一年）就被刻印出來，得到了廣泛的流傳。「九歌」原是中國第一偉大詩人屈原的著名詩篇（雖然近人也有倡言九歌非屈原之作，但證據不足，我們還不能隨便取消屈原的著作權。）從宋代著名人物畫家李公麟開始，就有許多畫家爲「九歌」作揷圖，但現今能見到的，還是陳洪綬這套最爲卓越。全套計十二幅，其中以「屈子行吟圖」（圖一〇一）最爲出色，它成功的刻劃出了一位熱愛祖國，熱愛同胞，才華蓋世，志行高潔的偉大詩人的風度和氣質，給人以深刻的印象。「博古葉子」是最後一部，作於死前一年。所謂「葉子」，是當時民間一種酒令牌，類似近代的紙牌。「博古葉子」四十八幅，描繪歷史上愛國志士與貧而不卑者等，正與「屈子行吟圖」顯示出了同樣的思想意義。

二、初清（一六四五——一七一〇）的繪畫

至清代初葉，畫家很多，最著名的卽是所謂四王、吳、惲與四僧及龔賢，四王與四

僧，無論在繪畫風格上或政治思想上，都可說是站在互不相同的對立面上，四王是承繼南宗派的所謂正統派畫家，他們也先後俯首屈身的參加晚明腐敗政府及爲滿清專制政權服役。四僧是發揚徐渭憤世作風具有强烈個性的表現派畫家，他們也莫不潔身尚志的拒絕與統治階級合作。

所謂四王即是王時敏、王鑑、王翬與王原祁。王時敏（一五九二—一六八〇），字遜之，號煙客，江蘇太倉人，明末崇禎時仕至太常，與董其昌時相過從，亦完全接受董其昌的繪畫思想，强烈的受其技法影響。一生作畫以臨摹爲能事，富於收藏，却終身未能出黃公望、董其昌兩家的範圍（圖一〇二），工整清秀就是其畫中所出現過的最大優點，但往往是軟弱而板滯。

王鑑（一五九八—一六七七），字圓照，號湘碧，是王時敏的侄兒，仕至廉州知府，其畫亦同樣只知道摹仿典型。綜其一生所作，竟盡出於臨摹，無一自出機杼的，只有「臨王蒙松陰丘壑圖」、「仿趙孟頫白雲蕭湘圖」（圖一〇三）等少數幾張略有一點他自己的意思，他畫中顯示的一種歡快的韻律，可能是其最大的優點了。

圖一〇二　清　王時敏　仿黃公望山水

圖一〇三　清　王鑑　仿趙孟頫白雲瀟湘圖

王翬（一六三二—一七一七），字石谷，江蘇長熟人。少年時有一次在虞山與王鑑相遇，翬呈畫扇，大受賞識，遂爲之指授古人名迹稿本，繼又介紹他從王時敏遊，因而得以觀摭當時江南、江北各收藏家的許多秘本。後來又嘗奉詔爲清聖祖康熙帝作「南巡圖」，康熙帝很滿意，寫了「山水清暉」四個字賜給他，這倒是對他繪畫特點的很適當形容詞，他遂又自號清暉主人。他是四王中功力最深的一個，史稱他「臨盡天下名畫，集南北宗之大成」，事實上他的若干作品也確能綜合宋元許多大師的優點，其成就頗使人想起唐伯虎，但筆力較弱，所以許多作品又往往景物瑣碎，乏雄健之氣，只以筆墨繁縟，顏色秀麗，而博得一般生長在繁文縟節中的文人士大夫的愛悅。現藏臺北故宮博物院的「秋江古樹圖卷」（圖一〇四）可能是他最好的作品，圖中將他規摭宋元各大家的功夫心得十分得當的逐一展示出來，而也能避免了瑣碎繁縟之病。他的作品數量很多，有些畫卷長達四十英尺，成爲中國畫史上稀有的紀錄。他的風格，其實已出南宗藩離而可視爲明唐寅等爲代表之明代新古典派（學院派）的後繼者。

王原祁（一六四二—一七一五）是王時敏之孫，字茂京，號麓臺。廿八歲中進士，

圖一〇四　　清　王翬　秋江古樹圖卷

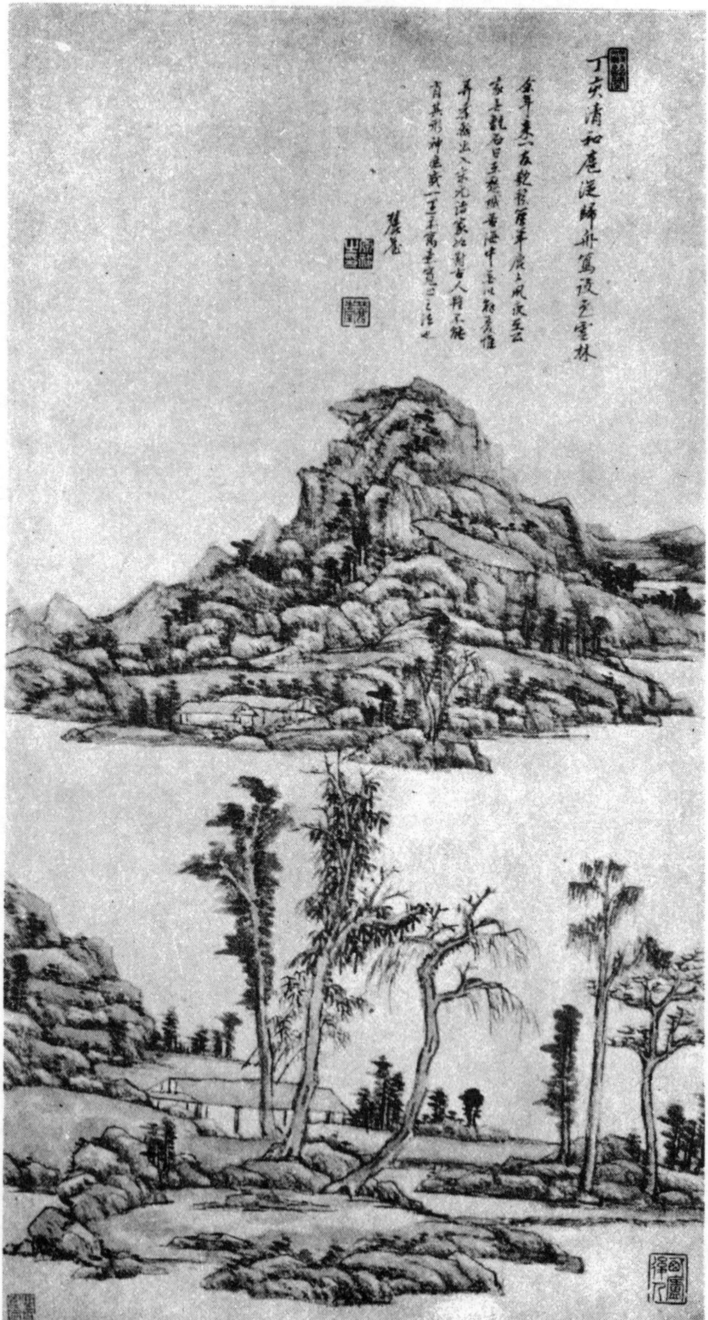

一〇五　清　王原祁　設色雲林

供奉內廷，頗得康熙帝的寵愛，充書畫譜館總裁，最後官至戶部侍郎。繪畫作品留傳很多，又因其政治上、社會上的地位，在有清一代影響很大。近代論者對其作品的評價，則褒貶之間有很不同的意見。他究竟是如俞劍華等人所指的是黃公望的拙劣摹仿者，「終身不敢出公望之門一步，只得黃之瑣碎，而未嘗夢見黃之神韻」呢？（註四）還是如Sherman Lee（李雪曼）等人所指的是「四王中最有獨創力者，最能體現董其昌的理論精華—將自然界的素材作任意的再組合，發揮筆觸的意趣以造成近乎抽象的構成，至於可與西洋的塞尙相比擬」呢？（註五）從其作品觀之（圖一〇五）兩種說法似乎各有所見，但其作品之布置千篇一律，用筆枯弱，用墨乾澀則是事實，儘管這種結果可說是他有意的獨創的表現，而無論如何其作品是十分形式主義的，脫離有血有肉的現實而缺乏人道主義的理想精神，足可爲統治階級之御用清賞，而絲毫也不能體現廣大民衆的喜怒哀樂。以此言之，他就仍與其他三王並無不同而與前述的徐文長、陳洪綬及下面要說到的四僧等個性派畫家完全異趣。

與四王同屬正統派的同時期名家尙有吳歷與惲壽平，吳歷（一六三二—一七一八）

，字漁山，又號墨井道人，江蘇常熟人。與王翬爲總角之交，也同樣得到王時敏與王鑑的指授，而其作品能有氣韻深沉之勝，後期作品在構圖上更能顯示較多的想像力（圖一〇六），實能青出於藍。惲壽平（一六三三—一六九〇），初名格，號南田，江蘇武進人，初繪山水，因自覺不如王翬，後來就改以畫花卉爲專門，以細秀嚴整的風格自成一家。他們兩人，也有論者以爲可作爲正統派與個性派之間的橋樑。

所謂四僧卽是石濤、朱耷（八大山人）、石谿（髡殘）、與弘仁，他們都是明代皇室或遺民，在明代滅亡後，採取了和清代統治者不合作的態度，出家當了和尚。他們在藝術創作上敢于向當時占統治地位的四王一派作風作鬪爭，勇于擺脫舊的束縛，勇于革命創造，同時尚有龔賢、梅清等，也都獨標一格，不拘成法，頗有獨創精神，與四王一派恰成鮮明的對照。我們若說晚明的徐渭爲表現派之先驅，則四僧與龔賢等人正是表現派的中堅。

石濤（一六四一？—一七〇七？）（註六）又稱道濟，本名朱若極，廣西梧州人，爲明皇室後裔。另外還有很多別號，常用的有大滌子、清湘老人，瞎尊者、苦瓜和尚等。明亡時，年方十四、五歲，他和他的哥哥爲了逃避滿清政府的政治迫害，懷着國破家亡的痛苦，出家做了和尚，道濟卽是他的法名。做了和尚以後，卽寄情書畫，並雲遊四方，從廣西全州經湖南的瀟湘、洞庭、江西的廬山，到江浙一帶漫遊，後在安徽宣城的敬亭山定居了十年以上。後又移居南京，住了八、九年，著名的「金陵懷古詩畫册」二十幅卽作於此時。一六八九年（康熙廿八年）到北京，住了三年。南歸後住在揚州，和朱耷成了好朋友，自後就一直住在揚州至於去世。他一生創作極多，現在著錄和印出的畫迹已在六百件以上，畫上題的詩也有五百首以上，所畫主要爲山水，也畫些花果蘭竹。作品千變萬化，豐富多釆，以淋漓酣暢的筆墨，形成一種悲蒼潑辣的風格（圖一〇七、一〇八

道見地透脫只須
放筆直掃千巖万
壑縱目一覽望之若
驚電奔雲屯屯自
起荊關耶董巨耶倪
黃耶沈趙耶誰與
安名余嘗見諸諸
名家動輒倣某家
法某派書與畫天生
自有一人職掌一
代之事從何處
說起大滌子寄爲
鞠年先生一笑
癸未二月青蓮艸閣

圖一〇七　清　石濤　山徑

、一〇九），特別是山水畫，眞具有一種風吹浪湧，地動山搖的氣慨，而又往往透露着蕭條悲涼的情調，這正足以象徵他內心深處的悲哀，也傳達出了至極感人的悲劇美，與時代悲劇的感人心聲。他在色彩的運用上，也是空前的改革者，比以往任何一個中國畫家運用了更豐富而深濃的色彩，而在構圖方面，貢獻更是偉大，其每一幅無不創造了新鮮的構圖與獨特的天地。他這種高度的創造能力，潑辣有力的風格，强烈的線條與色彩，以及其坎坷的身世，與對於社會的反抗精神，和在繪畫史上的重要地位，在在都大可與西洋表現主

圖一〇八　清　石濤　灘聲

圖一〇九　清　石濤　風雨

義的先驅大師梵谷 Van Gogh 相比擬。石濤又著有《苦瓜和尚畫語錄》，是他一生藝術實踐的經驗總結，也是中國畫學理論中的極重要著作。

朱耷（一六二六—一七〇五）（註七），號雪箇，別號八大山人，江西南昌人。也是明皇室後裔。明亡後爲逃避政治迫害，起先與石濤一樣做了和尚，後來又改了道教。他的作品主要爲水墨寫意花鳥，所寫的「意」則是對現實的憤慨與抗議，是生命的掙扎，是景物的某種突出的特徵與動態。可說是與徐渭先後相承而有更進一步的表現，他的花鳥畫更顯出極度精簡的特質，一眼看來使人覺得下筆時是十分敏捷而容易，就是有所謂「一揮而就」，「逸筆草草」的特色；而又往往具有高度的幽默感與諷刺意味，他畫的魚與鳥，多半昂着頭，顯得十分倔强，對牠們的眼睛，常常作了誇張而奇特的處理，有時畫成方形，眼珠子往往頂在眼眶正上方，這就顯出一種「白眼向人」的神情（圖一一〇），表示出他對於當時統治階級和權貴們的蔑視。但他的一部份作品也可說受到董其昌的影響，前文說過董其昌固無疑爲正統派之大宗師，却對個性派也有其影響。這影響在八大山人的山水畫中可以找到痕跡，他的山水畫（圖一一一），承繼了董其昌對山水

圖一一〇　清　朱耷（八大山人）　孔雀

圖一一一　清　朱耷（八大山人）山水仿郭忠恕

素材作任意再組合的趨向而更爲極端化（註八），他的整個風格—簡逸、任意、極端發揮個性而揚棄客觀描寫，則可一直追溯到南宋寫意派的牧谿與梁楷爲淵源。

石谿與弘仁雖與石濤、八大山人並稱四僧，但藝術地位實較遜一籌。石谿（一六一〇—一六九六？），又稱髡殘，俗姓劉，湖南武陵人，明亡後曾參加抗清鬪爭，隨後出家爲僧。生平大部分時間住在金陵牛首山，他的畫與八大山人的簡逸而變幻無窮適成對比，是構圖繁複而變化有限，惟同樣具有强銳的個性，畫面上則善用溫暖的橘黃色，其運筆構圖使人想起元末的王蒙（圖一一二）。弘仁（一六一〇—一六六三）又稱漸江，俗姓江，名韜（一說名舫），安徽歙縣人。一六四五年清兵破南京，唐王在福建即位，他於這時趕到福建，他去福建的目的，文獻雖沒有明確的記載，但和抗清復明的鬪爭想必有所關連。但唐王政權很快就失敗了，弘仁遂在武夷山削髮爲僧（註九）。後來雲遊各地，最後回到安徽，居住黃山，曾作「黃山眞景册」五十幅。他所作山水，風格極爲冷澈簡靜（圖一一三），使人如進入了一個無聲而寒冷的水晶世界，這種風格固然可以倪雲林爲淵源，而已有更個人化的進一步發展。石谿與弘仁的作品量均不多，影響後人

圖一一二　清　石谿　報恩寺圖

圖一一三　清　弘仁　秋景

也較石濤，八大爲小。

此時表現派畫家中另一個可與石濤，八大相比肩的則要推龔賢。龔賢（一六一九—一六八九）（註十），號半千，又號野遺生，南京（金陵）人（註十一）。他少年時的南京正是復社名士的聚集中心，復社是一批正直的想改良朝政的愛國知識份子的聚集，龔賢在當時是復社士大夫中的知名人物，復社分子後來由於公布了一篇聲討奸臣阮大鋮的「留都防亂公揭」，受到阮大鋮的搜捕迫害，龔賢也是被搜捕的人之一。清兵破南京後，他抱着復國之志離開南京，奔走各地數十年，終於失望的回到南京。隨後雖然未作和尚，却與四僧同樣過着長期隱逸的生活。他在繪畫上的成熟，是在隱居之後，他的作品可說是個性派畫家中最有戲劇感與强力感的，他的山水畫（圖一一四），墨色極濃，有幽森陰沉非復人間的氣氛，沉重的團塊與墨色的光澤在他畫中的份量超過中國歷史上任何其他畫家。在那些濃重的團塊之中他佈入一些突然出現的如絲如點的光線，似如出沒在他那夜國中的幽靈。他的畫裡，與弘仁一樣，是沒有人的，大自然爲他說了一切，雖然弘仁的筆下是極度簡淨透明的白色世界，而龔賢筆下是極度幽森陰沉的黑色世界。他的畫裡

圖一一四　清　龔賢　山水

圖一一五　清　程正揆　江山夢遊圖

也常常作如西方式的對光影關係的探究，這也是中國歷史上的第一個。

這時還有一個原爲董其昌的學生，而後來却能自出機杼，顯示出獨立的性格者，則爲程正揆（約一六〇五—一六七五）。程正揆初名正葵，明亡後改今名，號青谿。他約在五十二歲的時候，與石谿成了知已好友，從此互相切磋藝術，建立了自已的風格。其畫枯勁簡老，晚年所作「江山夢遊圖」（圖一一五）更顯出能就黃公望的風格而作精采的變奏。

此外，清初服膺個性主義的表現派畫尚有蕭雲從（一五六九—一六七三）、查

圖一一六　　清　蕭雲從　山水清音圖（部分）

圖一一七　清　查士標　山水冊頁 [illegible]

圖一一八　清　梅清　山水册頁：雪景

士標（一六一五—一六九八）、梅清（一六二三—一六九九）等。以上三人都是安徽人，故又與四僧中也是安徽人的弘仁合稱安徽四家。蕭雲從爲弘仁的老師，其山水畫（一一六）也有一種冷冽之感，但沒有弘仁那樣簡靜、寂靜與透明，所以也不如弘仁那麼獨特。查士標的畫常有自由輕鬆的氣氛（圖一一七）。梅清則筆墨近於石濤（圖一一八），却比較更誇張而富裝飾趣味，有險峭之美。

三、盛清至清末（一七一一—一九一一）的繪畫

盛清時期（一七一一—一八二〇）（註十二）繼承南宗畫風的正統派畫家人數很多，從當時的數量上看似乎還是盛世，但因墨守典型，均不過抄襲四王之既有規格，以至沒有一個值得特加論述的，實際上已是尸居餘氣而已。其並非南宗畫風而擠入了這種在朝正統地位，且在藝術發展史上應于一述的，則是原籍意大利的宮廷畫家、天主教傳教士郎世寧。郎世寧（一六八八—一七六六），原名 Guiseppe Castiglione，意大利米蘭人。十九歲時棄俗進天主教耶穌會，一七一五年他二十七歲，抵達中國北京，隨後入宮

圖一一九　清　郎世寧　百駿圖（部分）

供職，歷事雍正、乾隆兩帝，均受寵愛，計在北京居住五十年，在皇宮供職四十三年之久。郎氏早年在歐洲習油畫，正當洛可可（Rococo）風格盛行時代，到中國後改用中國畫具，遂以精描細繪的寫實的洛可可技法來表現中國畫的傳統題材（圖一一九）。而爲配合皇帝的要求，所畫大多爲御苑中的犬、馬、魚、鳥與花卉樹木，正如五代時的宮廷畫家黃筌等人之必需以花鳥爲題材一樣。他對畫中主體物件的畫法是西洋式的，而對背景的處理則盡力追隨中國工筆派或院派的舊風，尚有「香妃像」一幅則純用西法油畫繪成。固然，他是第一個致力於將中西畫風加以結合的畫家，自有其獨特的歷史地位，但也由於他作畫的目的在希望討取皇帝歡心以准其傳教，而並非爲了藝術，所以在其畫中也僅僅達成了一種討人歡喜的精緻裝飾趣味而已。盛清時其他宮廷畫家如鄒一桂、袁江等人，固然尚不能像郎世寧一樣採納西洋講求光影的寫實主義手法，但其達成者爲精緻的裝飾趣味而缺乏思想內涵則並無二致。

盛清時代能在中國畫史上撐一局面的則是繼續發揚個性主義的幾個後勁人物，即是華嵒與所謂的「揚州八怪」(註十三)。他們在徐渭、八大、石濤等人的寫意基礎上繼續邁進，敢於創造，敢於革新，其中以華嵒、金農、鄭燮與羅聘最爲重要。

華嵒(一六八二—一七六二?)，字秋岳，號新羅山人，福建閩縣人，僑居杭州，後客揚州最久，晚年歸老西湖。除畫外亦善作詩。他在中國畫史上，當得起是一個使人昏眩的畫家，似乎焦燥的要擺脫一切的束縛。例如他的「秋聲圖」(圖一二〇)，中所畫的扭曲的岩石與洗刷出來的色彩，足使觀者感到他的手是在紙面上自由飛翔，又如「賞菊圖」(圖一二一)中鳥瞰式的構圖，亦無疑可當匠心獨運之稱。

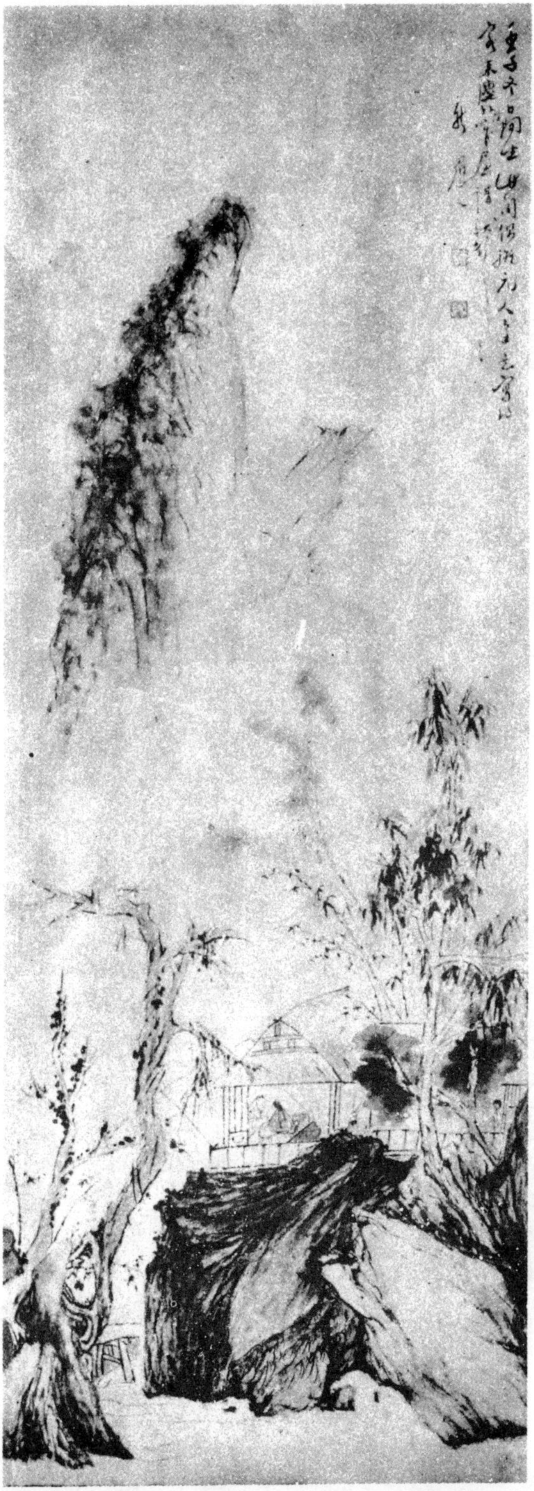

圖一二〇　清　華嵒　秋聲圖

圖一二一　　清　華喦　賞菊圖

金農（一六八七－一七六四），就是金多心，是揚州八怪中第一號人物，則似乎比華喦更「怪」得多。多心又字壽門，又號稽留山民，其他別號尚多，浙江仁和人，僑寓揚州。年五十餘始從事繪畫，初寫竹與梅，繼亦畫山水人物。他猛烈的打破造型與構圖方面的傳統束縛，而用筆瀟灑輕鬆，往往有漫畫的趣味，又給人以速寫式的感覺。題畫的字則又硬綁綁儼如印刷的「宋體」字，但這種字體出現在他畫面上却並沒有破壞他畫中那種溫暖多情的韻味。他有一幅畫上（圖一二二）題着如下柔美的詩句：「荷花開了，銀塘悄悄，新涼早，碧翅蜻蜓多少？六月水牕通，扇底微風，曾記那人同坐，纖手剝蓮蓬。」這種情韻在他那輕鬆而速寫式的、有漫畫風的畫面上却正能恰好的表現出來。

圖一二二 清 金農 墨戲：賞荷

鄭燮（一六九三—一七六五）就是鄭板橋，字克柔，江蘇興化人。他從小喪母，早年即在揚州賣畫爲生。四十三歲時中進士，隨後在山東作了十二年的縣官，爲官清正，關心民間疾苦，深得當地人民愛戴。後來因山東發生災荒他一再爲民請願，要求賑濟，反而得罪了上司，遂辭官而去，重新回到揚州，以清寒的生活終其身。他的畫以蘭、菊、竹、石爲多，畫以外在文學方面亦有相當成就。其詩繼承了杜甫、白居易等的憂心社會、批判現實的精

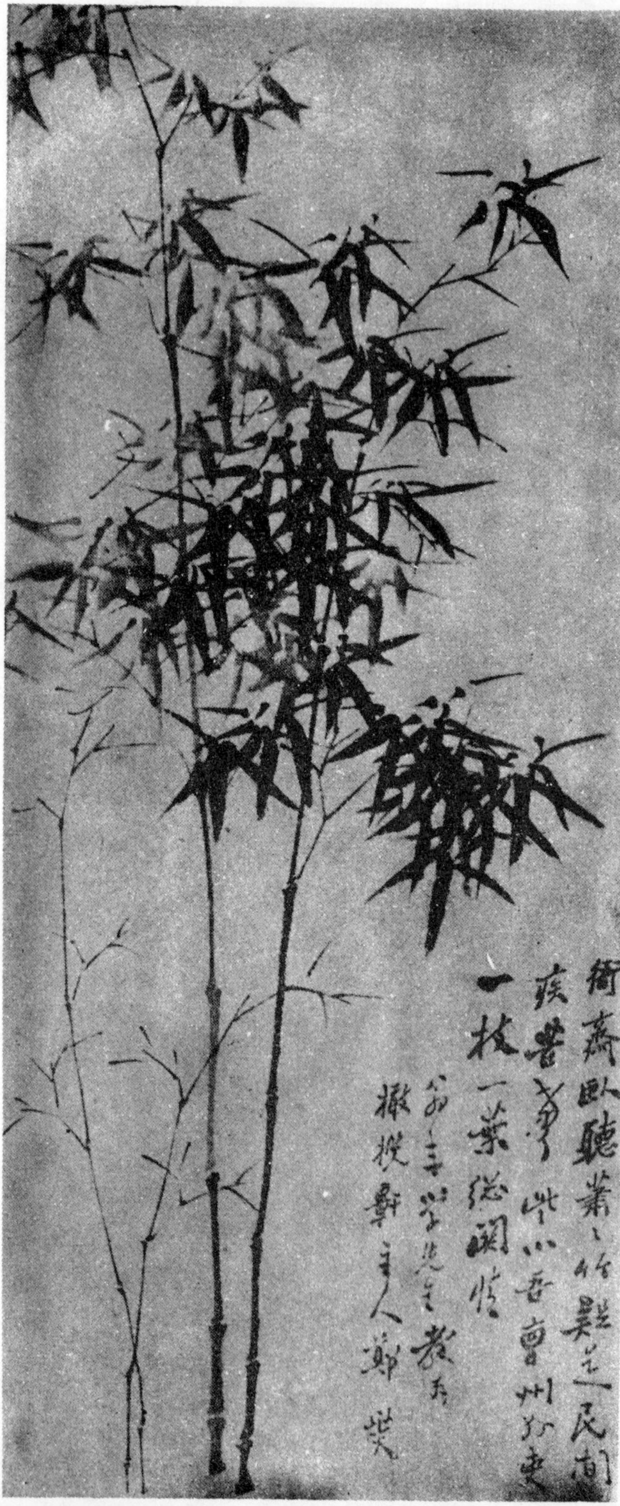
衙齋臥聽蕭蕭竹疑是民間
疾苦聲些小吾曹州縣吏
一枝一葉總關情

圖一二四　清　鄭燮　風竹

神而更加通俗化，在繪畫方面則也以同樣的思想爲領導，曾說：「凡吾畫蘭畫竹畫石，用以慰天下之勞人，非以供天下之安享人也。」他在送給一個巡撫的一幅竹子（圖一二四）上題著：「衙齋臥聽蕭蕭竹，疑是民間疾苦聲，些小吾曹州縣吏，一枝一葉總關情。」可見其襟懷。他自稱「靑藤門下走狗」，其繪畫的風格與思想意義，亦正爲徐渭的繼承者。

羅聘（一七三三—一七九九）是揚州八怪中的最後一人，聘字兩峰，號遯夫，又號花之寺僧，揚州人，是金多心的學生，但他却進一步完成了他獨自的畫風。他在色彩的運用上作了大膽的革命性發展，例如現由日本著名文學家川端康成所藏的「姜白石詩意畫册」中的「野火」一圖（圖一百二十五，彩色八），滿幅强烈的紅色火焰奔騰飛揚，無論用筆、用色、構圖、及題材各方面，均是史無前例的新創，大可使人想起法國的野獸派風景畫家杜菲（Dufy）。揚州八怪猛烈的革命性的破舊創新以及其强度的感情傾吐的作風，實亦大可比之爲中國的野獸派了。

羅聘死後次年，時代卽已進入十九世紀，自此至於淸亡，一百十一年間站在正統地

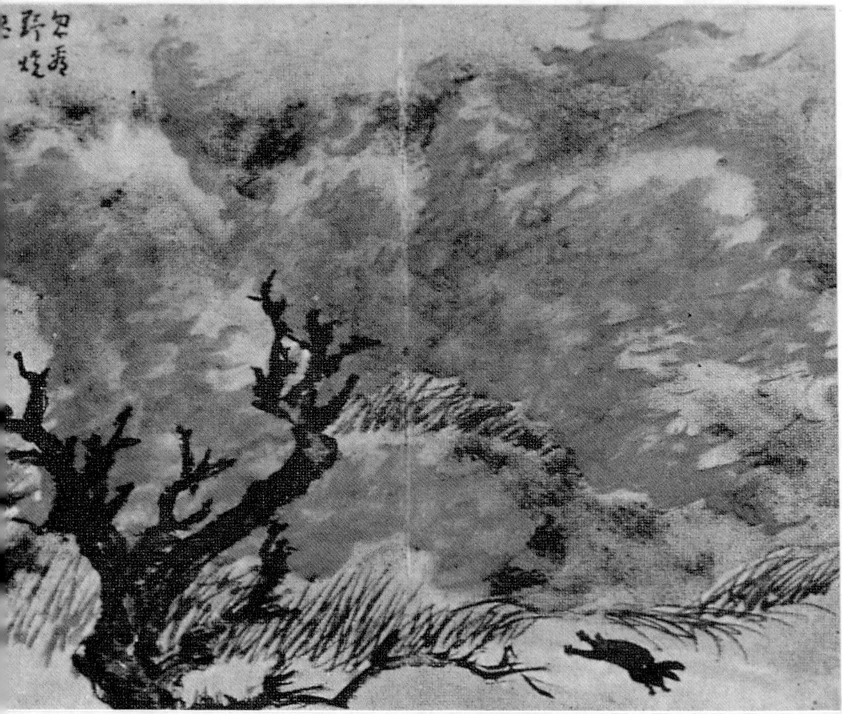

圖一二五　　清　羅聘　野火（彩色八）

位的南宗畫固然早已枯朽，而表現派的畫家亦後繼乏人。中國之繪畫正與中國國勢與文化之各方面同趨衰壞。有之則只有趙之謙等人的所謂金石派以及任伯年可以一提。金石派這一名稱，是由於他們原是以研習魏碑及古篆的書法家著名於世。趙之謙（一八二九—一八八四），字撝叔，號悲盦，浙江會稽人。咸豐九年擧人，曾在江西作知縣。爲人豪放不羈。書法外兼長繪畫及篆刻，所畫以花卉爲主，筆法卽從魏碑中得來，線條古拙有力，用色鮮明，並具有寫生的風味（圖一二二六），已受西洋畫影響。

圖一二二六　清　趙之謙　紅蕉

圖一二七　清　任伯年　公雞

任伯年（一八三九—一八九五），本名頤，浙江山陰人。他的畫以花鳥爲主（圖一二七），常取材於自然景象和田園風光，善於在花鳥中表現出季節的變遷，還有一項特點是常能表達出一種嬌嫩活潑的情調，這在中國歷代繪畫中是少有的。至於吳昌碩及齊白石，已入民國時代。故除趙之謙與任伯年尚有成績外，晚清百年時間，在中國繪畫史上可說是空前的衰落。源遠流長的中國繪畫，至此而衰落如斯，則揚州八怪誠可謂中國文化在長期封閉社會孤立發展下之最後掙扎了。

四、結論

本時期的繪畫，要以繼承往代高踏派與吳派源流的所謂南宗派或正統派及以徐渭、石濤爲首的表現派或個性派爲交相起伏的兩條主流。南宗畫在第一期元代高踏派時期，是新興的獨創，第二期吳派時期筆墨更爲成熟，至本時期則已僵化爲「正統」的典型；表現派則爲此時期之新興畫派，創造性很高。

繼承往代其他畫派之各種風格中，則陳洪綬可謂遠承顧愷之等之古典派之殿軍，王翬可謂唐寅等人之學院派之後繼，袁江則爲金碧派之最後人物。郎世寧雖引西法入國畫，而精神上則爲宋徽宗等之唯美派之同志，藝術上還遠不能及，亦無影響，不足成派，成功亦微。

總而觀之，本時期之初，由表現派掀起了偉大的高潮，一時極盛，但未幾即日漸衰弱，到一八〇〇年之後則各種畫派莫不消歇。

中國人對自然與人生的眼光，有其不朽的價值，而物阜民康的盛淸時代，戛戛獨造的傑出畫家已不是很多，至於在民族衰弱、社會腐敗、文化疲竭、外患交迫的痛苦的晚淸，幾乎無人能繼續對之有輝煌的表現，這亦正是歷史之所必然吧！

第六章附註

註一：見董其昌著「畫旨」。

註二：見董其昌著「畫眼」。

註三：大儺，禳祭大驅疫也。後漢書禮儀志：「先臘一日，大儺，謂之逐疫」，張衡東京賦：「卒歲大儺，毆除羣厲。」

註四：閱俞劍華著「中國繪畫史」第十四章第四節。

註五：閱 Sherman E. Lee, A History of Far Eastern Art. pp. 444-445. 及 Chinese Landscape Painting, pp. 100-102.

註六：石濤生年，據李葉霜所撰考訂及所編石濤年表改訂，文收入雄獅美術月刊社所出「石濤的世界」，一九七三年四月出版。

註　七：朱耷的生卒年份據八大山人紀念館所編「八大山人研究」，一九八六年南昌出版。

註　八：這張畫上八大山人自題曰「仿郭恕先畫。」按郭恕先，名忠恕，是北宋時的工筆畫家。而八大所「仿」則極端的寫意。故其所謂「仿」與一般意義的摹仿絕不相同。

註　九：參閱「中國名畫家叢書」下册，頁一一五七，「弘仁的生平事略」。（香港中國書畫研究會發行）

註　十：龔賢的生年，據劉甲宇所編「龔賢年表」，收入他與蕭平合編的「龔賢研究集」，一九八九年南京出版。

註十一：龔賢又與樊圻、高岑、方誥、吳宏、葉欣、胡慥、謝蓀並稱「金陵八家」，但其餘七人成就均遠不及龔賢，畫風亦與龔賢不相似。龔賢原藉崑山，因很早就住在南京，故一般均以其爲南京人，關於龔賢的生年與藉貫參閱「中國名畫家叢書」下册，頁一〇九七，「龔賢的生平和藝術活動」。

註十二：一七一一年卽清康熙五十年，是年清廷定滋生人丁永不加賦之制，是爲業已至於隆盛的一個標誌，所以定此年爲初清與盛清時期的分界。盛清的下限，一般算到嘉慶之末，故自一八二一年（道光元年）起至清亡爲晚清時期。

註十三：揚州八怪爲汪士愼（近人）、黃愼（癭瓢）、金農（冬心）、高翔（西唐）、李鱓（復堂）、鄭燮（板橋）、李方膺（晴江）與羅聘（兩峰）。另一說以爲是：李鱓、金農、羅聘、鄭燮、閔貞、汪士愼、高鳳翰與黃愼。

本書主要參考書

㈠中文及日文部分（編著者首字筆劃為序）

八大山人紀念館編：八大山人研究，南昌，一九八六。

于樸編：中國畫論彙編，臺北，一九六二。

大村西崖著：中國美術史（陳彬龢譯），上海，一九二六。

小野勝年編集：中國隋唐美術（角川世界美術全集之十五），東京，一九六二。

中國大百科全書編委會編：中國大百科全書．美術卷，二冊，北京，一九九一。

中國書畫研究會編集：中國名畫家叢書，上下兩册，香港，一九七○。

文崇一著：楚文化研究（中央研究院民族學研究所專刊），臺北，一九六七。

王伯敏著：吳道子，上海，一九五八。

王伯敏著：周昉，上海，一九五八。

王伯敏著：中國繪畫史，上海，一九八二。

王幻著：揚州八家畫傳，臺北，一九七〇。
王德昭譯：中國美術史導論（Arnold Silcock 原著），臺北，一九五四。
水野清一編集：中國秦漢美術（角川世界美術全集之十三），東京，一九六二。
米澤嘉圃等著：中國の繪畫（平凡社世界名畫全集之十七），東京，一九六〇。
安岐（松泉老人）著：墨緣彙觀錄，清乾隆七年初刊，臺北，一九五六。
江兆申著：唐寅的研究，故宮季刊，臺北，一九六八。
余紹宋編：畫法要錄，上海，一九二六。
余紹宋著：書畫書錄解題，上海，一九三一。
何浩天著：漢畫與漢代社會生活，臺北，一九六九。
何政廣、李葉霜編著：石濤的世界，臺北，一九七三。
何樂之著：王維，上海，一九五八。
何樂之著：徐渭，上海，一九五九。
李霖燦著：中國畫史研究論集，臺北，一九七〇。
周士心著：四君子畫論，臺北，一九七一。

長廣敏雄編集：中國六朝美術（角川世界美術全集之十四），東京，一九六三。
故宮博物院編：故宮書畫錄，臺北，一九五六。
故宮博物院編：故宮名畫三百種，上下兩函，臺北，一九五九。
故宮博物院編：故宮名畫，第一至六集，臺北，一九六六—一九六八。
故宮博物院編：故宮藏畫解題，臺北，一九六八。
兪劍華著：中國繪畫史，上海一九三七年初刋，臺北，一九六五，著者姓名被妄改爲「兪劍方」。
姜亮夫著：敦煌—偉大的文化寶藏，上海，一九五六。
胡佩衡著：王石谷，上海，一九五八。
夏文彥著：圖繪寶鑑，附韓昂續編，明正德巳卯初刋，臺北，一九五六。
孫岳頒等編：佩文齋書畫譜，淸康熙四十七年初刋，上海同文書局，一八八三。
徐邦達編：中國繪畫史圖錄，上下二冊，上海，一九八四。
徐復觀著：中國藝術精神，臺北，一九六五。
張彥遠著：歷代名畫記，影印明刋本，臺北，一九七一。
張安治著：郭熙，上海，一九五八。

莊申著：中國畫史研究，臺北，一九五九。
雪華編著：中國古代名畫家，北京，一九六四。
曹樹銘著：李龍眠之研究，大陸雜誌，臺北，一九七〇。
彭蘊燦著：歷代畫史彙傳，清道光中葉初刊，上海掃葉山房石印，一九二四。
勞榦著：敦煌藝術，臺北，一九五九。
鈴木敬、小山富士夫編集：中國宋元美術（角川世界美術全集之十六），東京，一九六三。
鈴木敬、小山富士夫編集：中國明清美術（角川世界美術全集之十七），東京，一九六三。
鈴木勤編集：古代中國，東京，一九六八。
鈴木勤編集：大唐の繁榮，東京，一九六九。
鈴木勤編集：中國文化の成熟，東京，一九七〇。
關野雄編：中國の美術（講談社世界美術之十八及十九），東京，一九六六。
鄧白著：徐熙黃荃，上海，一九五八。
鄧白著：馬遠夏珪，上海，一九五八。
虞君質著：藝術概論，臺北，一九六三。

虞君質編：美術叢刊，四冊，臺北，一九五八

鄭昶著：中國畫學全史，上海一九二八年初刊，臺北，一九六六。

鄭秉珊著：倪雲林，上海，一九五九。

鄭秉珊著：沈石田，上海，一九五八。

潘天壽著：顧愷之，上海，一九五八。

潘天壽、王伯敏合著：黃公望，上海，一九五八。

蕭平、劉宇甲編著：龔賢研究集，上下二冊，南京，一九八八—一九八九。

謝稚柳著：朱耷，上海，一九五八。

譚旦冏主編：中華藝術史綱，第一及第六冊，臺北，一九六五。（第二至五冊迄未出版）

羅光著：郎世寧其人其畫，現代學苑，臺北，一九六九。

(二)英文部分（編著者姓氏字母為序）

Barnhart, Richard: Survivals, Revivals, and the Classical Tradition of Chinese Figure Painting. Taipei, 1970.

Cahill, James: Chinese Painting, New York, 1960.

Cahill, James: The Art of Southern Sung China, New York, 1962.

Grousset, René: La Chine et Son Art, Paris, 1951. (English transtation, trs. by Haakon Chevalier)

Keim, Jean A.: Chinese Art, New York, 1961.

Lancman, Eli: Chinese Portraiture, Tokyo, 1965.

Lee, Sherman E.: Chinese Landscape Painting, Rev. ed., Cleveland, 1962.

Lee, Sherman E.: A History of Far Eastern Art. New York, 1964.

Lin, Yutang: The Chinese Theory of Art. Great Britain, 1967.

Schafer, Edward H.: Ancient China, New York, 1968.

Sirén, Osvald: The Chinese On the Art of Painting, Peiping, 1936.

Sirén, Osvald : Chinese Painting, 7 books, New York, 1956-1958, Taipei reprinted, 1971.

Speiser, Werner: The Art of China, New York, 1960.

Sullivan, Michael: A Short History of Chinese Art. California, 1967.

Sullivan, Michael : The Arts of China, Revised ed., Berkeley, 1977.

Swann, Petar C.: Chinese Painting. New York, 1967.

Whitfield, Roderick: Chang Tze-tuan's Ch'ing-Ming-Shang-Ho-Tú. Taipei, 1970.

二十五史中有關畫家傳記簡表

二十五史中關於畫家的傳極少，只有八種包括有少數畫家，但幾乎也都不是以畫家的身分而列入的。這些傳對於了解他們的畫風也很少幫助，但總是關於他們生平的基本資料。現列表於下以助查考：

書名	人名	傳別
晉書	顧愷之	列傳六十二、文苑
唐書	閻立德、閻立本	列傳二十七
	王維	列傳一四〇、文苑下
新唐書	閻立德、閻立本	列傳二十五
	王維	列傳一二七、文苑中
	盧鴻	列傳一二一、隱逸
宋史	蘇軾	列傳九十七
	郭忠恕	列傳二〇一、文苑四
	文同	列傳二〇二、文苑五

	米芾、李公麟	列傳二〇三、文苑六
金史	王庭筠	列傳六十四、文藝下
元史	趙孟頫	列傳五十九
新元史	高克恭、李衎	列傳八十五
	趙孟頫	列傳八十七
	王冕、倪瓚（附黃公望、吳鎮、王蒙）	列傳一三五、文苑下
	鄭思肖	列傳一三八、隱逸
明史	王冕、徐賁、王蒙	列傳一七三、文苑一
	王紱、唐寅	列傳一七四、文苑二
	文徵明	列傳一七五、文苑三
	徐渭、董其昌	列傳一七六、文苑四
	倪瓚、沈周、陳繼儒	列傳一八六、隱逸一

＊成書於民國初年的《清史稿》不在二十五史之列，其中包括畫家較多（提到名字的共四十九人），集中在該書《列傳二九二、藝術三》，名錄茲總略。

初版後敘

我從小很喜歡畫畫，對歷史的興趣也一向很濃。及入大學，則於義理、辭章、經濟之學均所涉獵。進了研究所後，決意把一部廿五史從頭讀起，持續至於一九六六年暑，把其中公認寫得最好的四史與明史都讀過了，其他各史亦已略事瀏覽。但對中國繪畫的歷史則尚未涉及，這一則由於整套二十五史之中，對於中國繪畫的發展絕少記載；二則因爲我畫畫是從西洋近代繪畫入手，尤其喜愛表現派與野獸派諸大師慷慨熱烈的風味，對於當世那種專事臨摹、生氣索然的所謂「國畫」，很感討厭，就連帶的對國畫的歷史也不想去理會。但後來，感到身爲中國人，又愛畫畫，則對中國歷代的繪畫豈可沒有一些認識？於是漸閱中國古畫，結果就發現，一方面中國古代繪畫內容之豐富、成就之偉大，與時下流行的所謂「國畫」之死氣沉沉大不相同；而既要欣賞中國歷史上的繪畫，則對中國繪畫史又不能不求一個有系統的瞭解，於是約自一九六六年秋起，又開始搜求中國繪畫史有關書籍來閱讀。但對於臺灣所見中文的中國繪畫史，總感到不過排列舊文獻，又不能圖文相應為憾。所謂不過排列舊文獻，乃是指無非就歷代畫家小傳與畫跡紀錄陳陳相因的抄集滙述而已，既極少從藝術的觀點去分析其風格，也極少從歷史的觀點去說明繪畫與社會發展的關係。而且往往辭義空泛，又無文采。所謂圖文不能相應，則不僅是指缺少附圖，並且，往往書中絮絮不休的列述了許多已成傳說的作品名目，而對於流存至今的名跡反而沒有一點論述；或者呢，雖然附了一些圖片，而圖片與書中文字又各不相關。

到一九六七年秋，得緣赴美國研習藝術史，後來並兼修繪畫課程。我向來對於參觀博物館也是很有興趣，於是又儘量抽時間參觀了華府、紐約、芝加哥、波士頓、堪薩斯等地各大博物館，對各館所藏中國繪畫莫不特別注意。次年十一月，抵日本，參觀了京都、奈良等地古跡。又次年春，任職於臺北國立歷史博物館，並在中國文化學院美術系講課。回國以來，深感美日兩國關於中國繪畫，不但收藏豐富，著述出版更是燦然可觀；而反觀臺灣，要找一本扼要精新、圖文並茂的中國繪畫史概論，竟至今還沒有！遂不揣冒昧，撰述本書。

本書屬稿之初，原未敢逕稱爲「史」，而是以一篇專論的方式稱爲「中國繪畫風格的歷史發展」，自一九六九年三月起到九月底，先寫了第二至六章的初稿，到次年三月才寫成第一章的初稿。到初稿寫完之後，經友人的勸告，乃決定擴充改寫，並改用今名。於是在隨後一年半的時間內又對各章均不斷有所修改補充，至於現在的面貌。所以字數雖仍不多，却經歷了兩年半的時間才完成。

它希望做到的：一是從藝術的觀點扼要的分析中國繪畫的發展線索與風格流派，以供讀者對中國繪畫的風格發展獲得正確鮮明的概念。它不在成爲一本百科全書式的資料彙編，也絕不是一本畫家人名大辭典。所以對於缺乏畫跡爲之實證的舊史傳說儘量刪除，對於歷代第二流以下的畫家也概予淘汰，但對於歷代重要畫跡及領導性的主要畫家則莫不有所論述，並分析其風格流派。二是從歷史的觀點適當的顯示繪畫與社會發展的關係，以使繪畫史成爲與思想史、社會史確可相互結合的一環，而並非孤立的象牙之塔。但於此，也絕不能喧賓奪主，所以各章既穿插的點出政治社會對繪畫的影響，而又絕不使這一部分過於膨脹。三是從實證的觀點儘量的做到圖文的充分相應。凡有所論述的畫家或畫跡，一定要把圖片配合文字印出來，而選印的任何一幅圖片，也必是在文內敍述到的。由這一點言之，則本書也可作爲一本「中國歷代名畫精選」來欣賞。

四是從比較的觀點選擇的試將中國若干主要畫家的歷史地位與西洋若干主要畫家的歷史地位加以比擬，以期啓發「比較藝術」的新觀念並激起讀者的進一步思考與探索。最後，則是從文學的觀點力求文辭的淸順活潑，所以對於不同文體的資料儘量溶滙，而避免過份「學院式」的引錄，以期文體的暢達一貫。

本書的完成，對卷末所列各種參考論著的每一位編著者，（以及一些未列入參考書目的短文的作者），除了對於利用其研究成果之處要深誌銘感外，對於有些我不能同意的論述，也由於往往能給我刺激性的啓發而要申謝，所以全書也貫穿了若干筆者的見解，並不是整理資料、編選名畫而已。可惜在國外期間，限於金錢與時間，對於美、日兩國所見的有關出版物，只能酌量購歸，回國以後則搜羅爲難，所以寫作本書時閱讀的參考書籍，雖然包括中、美、日三方面的七十來種，如果把有些舊籍彙編性的分開來算，就有近二百種之多，而當然仍是不完備的。再加以限於作者的能力與學識，那末，本書一定還有不少缺點，甚至不免還有錯誤的地方。然而凡事當「先求其有，再求其好」。所以，仍決心出版，以期拋磚而引玉，尚盼高明的讀者與專家們不吝指教爲幸。

一九七一年十一月　高準誌於臺北

中國美術史之重建

——推介高水準的《中國繪畫史導論》

楚　戈

中國古畫討論會（五十九年七月）在故宮博物院舉行以後，藝壇人士私底下表示不滿者大有人在，這些「閒話」歸納起來不外兩點：

㈠認爲邀請出席參加開會人員有欠週到。

㈡國內無論文提出使藝壇大失面子。

關於第一點多少涉及個人得失，這是任何類似的會議難以避免的事情，可以不必深論。關於第二點個人認爲倒是一件好事：一方面我們可以借此機會瞭解一下世界性的中國古畫問題專家們大致上在搞些什麼？另一方面也可以給國內的美術界帶來一點刺激，學問如逆水行舟，不進則退，光說閒話是沒有用的，看看二十年來的寶貴光陰在閒話中過去是什麼滋味。

檢討一下，二十年來的生聚教訓，我們的美術界到底作了一些什麼呢？當然把畫家單純結合的「畫會」晉級爲各種「學會」也算是一種成就，但連帶的在「學會」的名義下，是否名實相符應建立起學術的地位呢？而美術研究上的學術地位不是一塊招牌就可建立得起來的。我們有一本完整的中國美術史嗎？或者有一本像樣的中國繪畫史嗎？三十年前鄭昶編的一本錯誤百出的「中國畫學全史」恐怕一直是教中國繪畫史的教授最主要的參考資料。這本書毫無考古學常識的抄錄了許多古代傳說上不可靠的資料。我們可以不必去管它，但談到中古的唐代也只是不加審定瞎抄舊籍就不可原諒了，比如說唐玄宗「在天寶年間忽思嘉陵江水」，命吳道子、李思訓在長安大同殿壁上作嘉陵江三百餘里風光之勝，「李思訓數月之功，吳道子一日之迹，皆極其妙。」事實上李思訓卒于開元四年丙辰（西元七一六），離天寶元年（七四二）也有二十七年之久，請問一個死了二十多年的人怎可以和吳道子（？—七九二）一起圖畫比賽呢？諸如此類的錯誤不勝枚舉，中國的「畫家」史不應該重建了嗎？尤其是受到古畫討論會的刺激，教藝術史繪畫史的教授，一本雜湊的講義覆述了一二十年，不應該更換一下嗎？

事實怎樣呢？說閒話的依然在那裏說閒話，腳踏實地默默耕耘的恐怕仍然是那些原本有熱忱的人。古畫討論以後，畏友葉泥索了一些討論會的資料時說了幾句語重心長的話：「現在我們不能再浪費時間和分散精力了。我們要分頭並進的老老實實的作點事情，凡我這些年來收集的資料而自己又暫時沒有時間搞的，我願無條件的貢獻給需要它的人，知道有人在作而作出了一點成績的事情我們最好就暫時別作，儘量選別人不願或不能作的工作來研究，幾年以後我們總會弄出一點成績出來的」。就這樣我除了自己本份的研究工作之外，以一年的時間完成了一本中國彫刻藝術史（在六十年「文化復興」月刊連載）初稿。今年原想用近代美學的觀點仍然在該刊把一本「中國繪畫史」繼續寫完的，但看到高準寄來的有關於中國畫史論文的抽印本，知道有人在作這項工作，加上自己銅器的論文猶未完稿，便油然而萌了「退志」，所以今年六月便決定停筆，擬請高準接棒，有我寫史物館高準收的限時信（未退回）爲證，因高準早已離職一時未能找到他，便另請了中國繪畫之研究強我甚多的同事沈以正和余城二君爲該刊「接力」下去。

終於看到高準的新著「中國繪畫史導論」了（也正想買一本寄給好友葉泥），我的喜悅之情是可以想見的。

今天作學問比起從前不知道要方便多少，前人的紀錄與討論等於舖好了一條路基，近代考古學的發達又爲我們提供了選擇材料的依據，世界交通頻繁，時空距離縮短，別的地方學術上的新發現，很快就可傳播到其他的地方，在這樣的情形下，若再整理不出一些有份量的藝術史著作，實在是有點說不過去的。

高準的新著《中國繪畫史導論》一如莊尙嚴先生手書的序文中所說：皆發前人所未發之創論。全書共分六章，第一章「中國繪畫的歷史分期與流派分劃」，據引了許多現代美術用語，把四千年以來的中國繪畫依其形式分爲圖案畫時代、人物畫時代與山水畫時代，大致上是不錯的，不過其演變的過程與客觀因素也許受原來發表論文時刊物編輯的限制而未加討論，另一方面也許怕落入一般編美術史者分期的窠臼如什麼「禮教時期」「勃古時期」等等而故意避而不論也未可知，在此三個時期中，他也依現象作了一些扼要的簡述，如：「降至隋唐，……風氣又爲之一變。人物畫仍爲畫壇主角……而山水畫與花鳥畫也於此時先後發展成流，可謂人物畫極盛，山水畫漸興，花鳥畫發韌之時代」，繼簡單的分期之後，在第二節的「中國繪畫的流派分劃」中最見功力與才氣。

與一般的美術史家相反，高準對時代共同風格之變遷大勢雖然未加深究，只依現象作綱領式的提示，但在流派之分劃上一般人只能依師承風格的表面現象作統計學上的敍述，他卻有較深刻的觀察，對畫派的產生他認爲是這樣的：

「同一時代，固有其共同風格在，而又必由於藝術家之階級、性格、思想、感情傾向等因素而造成個別風格，特別是在一種文化藝術已相當發達之後。」又由「上列因素相近的藝術家乃往往有相近的因素之出現」，不同的畫派於焉產生。然而，「當主觀主義的思想瀰漫之際，則不復有時代之共同風格，而僅有各家之個別風格之存在。」個別風格產生的原因，除了「階級、性格、思想、感情傾向」之外，必然加上「個人的特殊遭遇」，「每一畫派出現之後，代復一代仍有相同因素達成性情相近之藝術家繼續追隨，或模仿，或因襲、或增益，於是……遂流衍，貫穿時代而成爲流派。」藝術史家的責任，乃在將「前後相關者貫穿成流」「風格相近者歸納成派」，這是「構成瞭解藝術史之全面」的條件。

高準把中國繪畫史自東晉顧愷之起分成十二個流派，我僅把這些派名稱列出來，也足以使人注目的了：㈠古典派（以顧愷之爲典型），㈡金碧派（以展子虔、二李爲典型），㈢神韻派（以吳道子爲典型），㈣宮廷派（以張萱爲典型），㈤唯美派（以黃荃、宋徽宗等爲代表），㈥寫實派（以韓幹、戴嵩等爲代表），㈦巨碑派（以荊、關、董、巨等爲主角），㈧抒情派（以李唐、馬、夏爲代表），㈨寫意派（以米芾、梁楷等爲代表），㈩南宗派（以黃公望、董其昌等爲代表），⑾學院派（以周臣、唐寅爲代表），⑿表現派（以徐渭、八大、石濤爲代表）

這本書較過去的中國美術史不同的是，第㈠不是排列舊文獻，第㈡收集了一百廿七幀精美的圖片，而圖片和文字互相配合，避免了紙上談兵之弊。第㈢用比較的觀點，把中國歷史上重要的畫家和西洋的畫家加以比擬。使中國藝術史和世界藝術史打成一片。

有了上述這些優點，故我樂於向讀者推荐這本二十年來中國繪畫史方面重要的著作。

（原載《民族晚報》，一九七二年十一月十八日）

Intent	Mood	Leading Painter	Prevailing Period
literary	graceful	Ku K'ai-chih	late Chin to early T'ang
decorative	vigorous	Li Ssu-hsun	Shui and T'ang
literary	vigorous	Wu Tao-tzu	High T'ang
decorative	graceful	Chou Fang	late T'ang & Five Dynasties
decorative	graceful	Chao Chi	Five Dynasties & Northern Sung
literary	vigorous	Chang Tse-tuan	Five Dynasties & Northern Sung
literary	vigorous	Fan K'uan	Five Dynasties & Northern Sung
literary	vigorous	Ma Yuan & Hsia Kuei	Southern Sung
literary	vigorous	Mu Ch'i	Southern Sung
literary	graceful	Huang Kung-wang	Yuan, Ming & Ch'ing
literary	vigorous	T'ang Yin	Mid-Ming
literary	vigorous	Shih T'ao & Chu Ta	late Ming & Ch'ing

（余光中譯・原文見第二十八頁）

A Comparative Chart of the Styles and Schools of Classic Chinese Painting

Style	Color	Line	Subject Matter	Approach
Classical	bright	controlled	society	representational
Blue-and-Green	bright	controlled	nature	representational
Inspirational	simple	free	society	representational
Court	bright	controlled	society	representational
Aesthetic	bright	controlled	nature	representational
Realistic	bright	controlled	society	representational
Monumental	simple	controlled	nature	representational
Lyrical	simple	free	nature	representational
Idealistic	simple	free	nature	non-representational
Literati	simple	free	nature	non-representational
Academic	bright	controlled	nature	representational
Expressionist	bright	free	nature	non-representational